Traité de mise en scène

Méthode des actions scéniques paradoxales

Collection **Univers Théâtral**
dirigée par Anne-Marie GREEN

On parle souvent de « crise de théâtre », pourtant le théâtre est un secteur culturel contemporain vivant qui provoque interrogation et réflexion. La collection *Univers Théâtral* est créée pour donner la parole à tous ceux qui produisent des études tant d'analyse que de synthèse concernant le domaine théâtral.

Ainsi la collection *Univers Théâtral* entend proposer un panorama de la recherche actuelle et promouvoir la diversité des approches et des méthodes. Les lecteurs pourront cerner au plus près les différents aspects qui construisent l'ensemble des faits théâtraux contemporains ou historiquement marqués.

Déjà parus

Sarah MENEGHELLO, *Le théâtre d'appartement*, 1999.
Françoise QUILLET, *L'Orient au Théâtre du Soleil*, 1999.
Pierre-Étienne HEYMANN, *Regards sur les mutations du théâtre public (1968-1998)*, 2000.
Yannick BUTEL, *Essai sur la présence au théâtre, l'effet de cerne*, 2000.
Bernard JOLIBERT, *La commedia dell'arte et son influence en France du XVIe au XVIIIe siècle*, 2000.

Dušan Szabo

Traité de mise en scène

Méthode des actions scéniques paradoxales

Préface de Robert Abirached

L'Harmattan	**L'Harmattan Inc.**	**L'Harmattan Hongrie**	**L'Harmattan Italia**
5-7, rue de l'École-Polytechnique	55, rue Saint-Jacques	Hargita u. 3	Via Bava, 37
75005 Paris	Montréal (Qc) CANADA	1026 Budapest	10214 Torino
FRANCE	H2Y 1K9	HONGRIE	ITALIE

© L'Harmattan, 2001
ISBN : 2-7475-1131-6

Préface

Pris dans la tourmente de Sarajevo, où il fut personnellement soumis à toutes sortes de menaces et de pressions, Dušan Szabo a dû quitter son pays treize mois après le déclenchement des violences en laissant derrière lui une carrière brillamment entamée au théâtre, au cinéma et à la télévision. Né en 1951 à Novi Sad, diplômé en mise en scène par la Faculté d'art dramatique de Belgrade, puis par l'illustre GITIS de Leningrad, où il a complété sa formation auprès de Georgi Tovstonogov, Dušan Szabo a déjà à son actif une importante filmographie, de nombreuses mises en scènes théâtrales et télévisuelles, ainsi que cinq ou six écrits remarqués, lorsqu'il arrive en France en 1993, dans un pays dont il ignore la langue et où personne ne le connaît. Bénéficiant du statut de réfugié politique, il a conscience qu'il lui faut refaire toutes ses preuves et réaffirmer son identité d'homme et d'artiste dans le monde nouveau où il est entré.

Après avoir acquis une bonne maîtrise du français, qui lui permet de trouver un travail de journaliste à Radio France Internationale et de chef d'édition à TV5, Dušan Szabo s'inscrit en 1996 à l'université de Paris X – Nanterre, où j'ai eu le plaisir de diriger ses travaux en DEA, puis en doctorat. Conformément à sa vocation initiale, il a alors rédigé une thèse, soutenue en juin 2000 et reprise pour l'essentiel dans le présent ouvrage, beaucoup moins nourrie d'érudition que d'expérience vécue et bien plus tournée vers la pratique de la scène que vers l'histoire du théâtre. Comme l'a noté Denis Guenoun, Dušan Szabo, ce faisant, nous « introduit dans un système de références, plus : dans un mode de pensée, dans un univers mental qui est bien loin des habitudes françaises, et il faut lui savoir gré de nous inviter à cette ouverture ».

Tel est bien le premier mérite de cet ouvrage : sa tournure, parce qu'elle a de quoi dépayser le lecteur français, oblige celui-ci à quitter les sentiers qu'il fréquente d'ordinaire, pour regarder d'un point de vue nouveau le théâtre et ses modalités d'apprentissage ; il est ainsi invité à faire son profit d'une méthode qui ne dissimule ni sa visée didactique ni son penchant pour l'élaboration de préceptes propres à s'inscrire dans un système. La question ici posée a en effet longtemps été éludée en France, où elle n'est à l'ordre du jour depuis deux ou trois ans : que faut-il savoir de la mise en scène pour l'apprendre et la pratiquer ? Et comment transmettre un art qui est en même temps un métier ? Le livre de Dušan Szabo vient à point, me semble-t-il, pour alimenter une réflexion aujourd'hui ouverte au Conservatoire et en d'autres lieux.

En s'interrogeant sur les deux écritures théâtrale et scénique et sur la manière dont on va d'un texte à son inscription dans l'espace, Dušan Szabo montre que le théâtre se nourrit sur la scène d'actions spécifiques qu'il qualifie de paradoxales, parce qu'elles sont distinctes à la fois des actions physiques produites par l'acteur et des actions dramatiques prévues par l'écrivain : elles suscitent des événements particuliers, car elles sont dotées d'une valeur intrinsèque et d'une logique propre. Tout le langage scénique peut être gouverné à partir de cette démarche première, qui stipule que le théâtre ne renvoie qu'à lui-même : c'est sur cette base que Dušan Szabo propose de redéfinir les principaux concepts (action, conflit, personnage) et les composants concrets du travail théâtral (scénographie, costume, etc.), puisqu'il revient au metteur en scène de conférer sens et émotion à ce qu'il montre, une fois admis que tout pour lui est signe et personnage (y compris les objets, la musique, etc.) et que tout son art consiste à mettre en rapport tous ces éléments entre eux et à orchestrer leurs liaisons invisibles.

Ainsi ce livre, modeste d'apparence, a la double ambition de définir les éléments constitutifs de la mise en scène considérée comme un objet de savoir, et de proposer les linéaments d'une méthode d'apprentissage et de transmission de ce savoir. Il emprunte pour ce faire la forme toute simple d'un manuel dont les définitions et les exercices me paraissent pour le moins stimulants ; ils sont de nature, en tout cas, à contribuer à l'établissement d'une didactique de la scène qui se cherche encore, bien qu'on en ressente de plus en plus communément l'utilité.

Robert Abirached

Lorsque l'eau se trouble à l'embouchure
À tel point que tu ne peux plus distinguer
ni le poisson ni le lit sableux
Pars à contre courant jusqu'à la source
Tout en restant attentif à ne pas emporter
le limon de l'embouchure sur tes pieds
et à ne pas troubler la clarté de la source.

(Thou Litze, 200 ans av. J.-C.)

Introduction

Lorsqu'on a décidé de redéfinir des principaux éléments du langage de la mise en scène, l'idée était que cela soit fait du point de vue de la mise en scène et en fonction de son apprentissage. Les notions communes à la dramaturgie et au domaine du théâtre ne servent pas le même but dans le processus du travail sur un spectacle dramatique. Elles n'ont d'ailleurs pas la même signification. Afin de pouvoir les appliquer, le metteur en scène doit leur trouver un substitut ou leur donner un sens propre à la mise en scène. Le metteur en scène, par exemple, n'explique pas le conflit à l'acteur; il fournit à l'acteur *des actions scéniques* leur correspondant. Il ne dit jamais : « Mets-toi en conflit ! ». Afin de parvenir à ce même résultat, il doit rechercher des actions scéniques qui ne ressemblent pas au conflit mais qui portent dans leur ensemble la signification du conflit. Voici déjà un paradoxe à l'œuvre.

En parcourant la littérature qui pourrait servir notre objectif, il est apparu nécessaire de préciser la signification, pour la mise en scène, de tous ses éléments, puis de les coordonner de manière générative à l'intérieur de son langage. L'usage de la notion d'action n'est pas le même pour un metteur en scène, pour un dramaturge, pour un écrivain, pour un historien et enfin pour un spécialiste de l'esthétique théâtrale. L'organisation dominante nous vient principalement de la dramaturgie. Ainsi, certains éléments requièrent par rapport aux autres une *contextualisation* différente (l'événement, le conflit, la scène), certains requièrent un sens différent par rapport au sens existant (l'action proposée de la scène et l'action scénique), tandis que certains objectifs du metteur en scène demandent l'introduction de nouveaux éléments (le principe *sumatraïste*, l'attribution de la fonction du personnage à la scénographie, au costume, à la musique, etc.).

Notre travail a cherché sa propre forme dans un lien de coordination solide entre les éléments de la mise en scène. Il ne serait pas opportun de les redéfinir, élément par élément, et de les classifier, par ordre alphabétique. Il existe entre eux un fort lien génératif. Si le langage de la mise en scène est universel, une méthode est valable pour tous les exemples que nous connaissons ou que nous ignorons. Elle vaut même pour ceux qui n'existent pas encore et qui sont à venir. Nous nous sommes appuyé sur la logique : s'en tenir aux phases du travail du metteur en scène et redéfinir intégralement les éléments en fonction de leur ordonnancement génératif. De cette manière, quel que soit l'élément de la mise en scène à partir duquel commencerait le travail du metteur en scène, il embrassera également tous les autres éléments du langage. Le metteur en scène peut partir d'une scène, d'un costume ou d'une réplique, mais il sera contraint dans le processus de son travail de coordonner systématiquement le thème de la pièce, l'idée principale, ainsi que le style et le genre de l'événement scénique, l'objectif du personnage, les caractères des personnages, etc. Pourtant, même dans ce choix, un piège était à éviter : quels exemples fallait-il prendre ?

L'exigence que nous nous sommes imposée présupposait que ce qui est valable pour le travail du metteur en scène sur une pièce de Sophocle, de Corneille ou de Shakespeare doit l'être également pour une pièce de Tchekhov ou de Beckett. Le langage de la mise en scène est donc indifférent aux époques, à la dramaturgie aristotélicienne ou non aristotélicienne. Il s'est imposé naturellement que le choix des différents exemples empiriques aboutisse soit à la première soit à la deuxième école. Soit nous choisirions ceux des exemples qui confirment notre méthode, soit nous réduirions celle-ci au nombre limité des exemples considérés.

Ces derniers doivent ainsi correspondre à des *modèles*. Nous devons donc les inventer, puisqu'ils n'appartiennent à aucun auteur particulier. De plus, la modestie de l'auteur qui les invente étant prise en compte (et afin de préserver les pièces choisies des visions personnelles de la mise en scène), plusieurs exemples différents seront donnés pour chaque modèle.

C'est ainsi que le travail lui-même commence à prendre forme. Pour nous faciliter la tâche, nous sommes parti tout d'abord à la recherche des ouvrages abordant ce thème sous le même angle d'approche. Nous avons tout juste pu retenir trois auteurs représentatifs, n'étant plus en vie, qui ont essayé de donner corps au travail de metteur en scène appliqué à eux-mêmes, au texte et à ceux qui collaborent à la réalisation d'une pièce sous forme d'une présentation du langage de la mise en scène[1]. Il s'agit de H. Klajn[2], H. Clurman[3] et G. Tovstonogov[4]. Leurs livres nous ont servi de repère, même lorsque nous n'étions pas d'accord avec leurs auteurs. Dans l'introduction de son livre, Clurman va jusqu'à avancer : « Il y a plusieurs raisons pour le titre présomptueux de ce livre. Je ne voulais pas l'appeler *L'Art de la mise en scène* car le fait de commencer avec un tel titre peut nous mener à penser qu'il n'y a qu'un seul art de la mise en scène, une seule méthode, une seule façon.» L'art de la mise en scène n'est qu'un, il est une activité unique, ses méthodes pouvant être différentes et innombrables. Ces trois auteurs ont évité, par prudence, en se basant principalement sur leurs propres expériences, d'employer le terme de manuel, ou de traité, et cela bien que leurs livres aient pris la forme de traités. Renonçant à introduire dans ce travail notre propre expérience de metteur en scène et décidant de nous servir uniquement des exemples modèles - appliqués aux pièces qui « embrassent » toutes les époques du théâtre - nous nous sommes

---

[1] Nous avons consulté un grand nombre de livres qui exposent les problèmes auxquels se heurtent les metteurs en scène, mais qui n'ont pas pour but la systématisation du langage de la mise en scène.
[2] H. KLAJN, *Osnovni problemi rezije*, Beograd, II izdanje, Univerzitet umetnosti, 1979.
[3] H. CLURMAN, *On Directing*, Collier books, New York A Division of Macmillan Publishing Co., 1974.
[4] G.A. TOVSTONOGOV, *Zerkalo sceni*, Leningrad, Iskusstvo, 1980.

trouvés privés d'un choix facile. L'intention initiale de spécifier l'emploi que fait le metteur en scène des éléments du langage de la mise en scène conduisait, malgré nous, vers la forme d'un traité pour l'apprentissage de la mise en scène.

  Ayant conçu notre travail comme un traité du point de vue de la méthode des actions scéniques paradoxales, il est possible que nous puissions être, pour certains, à l'origine d'un doute. La méthode proposée n'est notamment pas une certaine vision personnelle de l'auteur de la pédagogie du langage de cet art[*]. Nous sommes parvenu à la méthode des actions scéniques paradoxales après le constat que, dans toutes les méthodes de mise en scène, existe un principe de paradoxe qui s'est révélé comme élémentaire et en même temps universel. C'est cette méthode, valable pour l'apprentissage de tous les types de mise en scène, qui est proposée en conséquence. Initialement, nous hésitions à lui donner le nom de *système*. Le système oblige les utilisateurs à une application identique ; une méthode est utilisée par tous de façon différente.

  La question qui se posait également concernait l'objectif même, à l'heure actuelle, d'un traité de l'art de la mise en scène. Ceux qui ont du talent n'en ont pas besoin. À ceux qui n'en ont pas, il ne sera d'aucun secours. Les longues expérimentations de mise en scène appliquée à une représentation que Meyerhold, Stanislavski, Brecht, Copeau, etc., ont pu se permettre, ne sont plus aujourd'hui accessibles, dans la même mesure, aux jeunes metteurs en scène. La mise en scène a dépassé sa période pionnière. L'appréhension de la mise en scène en tant que profession, occupant une place à part sur le marché, s'est cristallisée aujourd'hui à tel point que la mise au point de certains raccourcis dans l'apprentissage s'impose. Par conséquent, un traité n'a pas pour but de s'occuper de la question du talent du professeur ou de l'étudiant, mais de fournir des connaissances de base indispensables pour satisfaire tout ce qui est nécessaire à l'exercice de l'art de la mise en scène. La mise en scène a, au cours des dernières décennies, mûri et atteint un tel degré de conscience

---

[*] L'art on n'apprend pas ; on apprend uniquement son langage.

d'elle-même que perdre son temps en tant qu'autodidacte n'est plus souhaitable*. De là s'impose le traité : à ceux qui savent, il permettra de confirmer une fois de plus ce qu'ils savent ; à ceux qui manquent de connaissances, il aidera à combler ce manque ; à ceux qui débutent et ignorent encore beaucoup de choses, il aidera à raccourcir le processus de l'apprentissage.

Il faut se débarrasser des préjugés selon lesquels un traité - donc un ensemble de règles, de contraintes, donc « l'ennemi » de la liberté artistique - sert à entraver l'imagination de quelqu'un. Il ne sert qu'à discipliner celle-ci afin de la libérer réellement. À la base de la mise en scène se trouve un art qui exige la connaissance du *métier* afin que l'art véritable apparaisse. Aujourd'hui, un metteur en scène instruit doit au moins pouvoir satisfaire au métier, c'est-à-dire à la maîtrise dont se sert le langage de la mise en scène. On reconnaît l'œuvre d'un maître non par l'absence de vision authentique de l'auteur (quelqu'un l'a, quelque part, déjà, autrefois, fait ainsi), mais par la *perfection* de l'articulation de tous les éléments du langage de la mise en scène dans une représentation. Nous reconnaissons l'artiste par l'articulation *authentique* des éléments dans un spectacle.

Le metteur en scène se doit de communiquer avec tous ceux qui collaborent à la réalisation de la représentation en utilisant le même langage s'il veut que, à partir de ce qu'il a conçu dans sa pensée, tous parviennent à un résultat unique. Le traité est une grammaire qui nous aide à nous comprendre ; à nous y tenir, et si nous nous en éloignons, à savoir pourquoi nous le faisons. Nous pouvons blâmer la rigueur de la grammaire, mais uniquement en restant intelligible. S'opposer à la grammaire est indispensable aussi longtemps que cela sert à la compréhension. Et c'est uniquement de cette façon que nous pouvons espérer produire, de spectacle en spectacle, de répétition en répétition, un résultat unique de l'ensemble.

---

* Les autodidactes très souvent ne sont pas sans talent ; le plus souvent ils ne sont que mal orientés.

Bien évidemment ce travail n'est qu'une des méthodes possibles d'apprentissage du langage de l'art de la mise en scène. Ceux qui s'y opposeront parviendront peut-être à des solutions encore plus approfondies et satisfaisantes. Nous ne pouvons que nous en réjouir avance.

Franchir les obstacles

Comment présenter et/ou enseigner le langage de la mise en scène ? Cette question présuppose que l'on sache ce qu'est la mise en scène : l'art de la création d'une représentation théâtrale. Mais si nous cherchons à savoir de quoi est fait l'art de la création de la représentation théâtrale, les réponses commencent à prendre des contours moins précis. Pour transmettre la connaissance de la mise en scène, une définition claire de cette profession, fût-elle seulement opérationnelle, est nécessaire. Les dictionnaires et les encyclopédies ne nous diront rien de plus. Les documents administratifs font preuve des mêmes lacunes. Afin qu'il nous soit possible de pénétrer ces définitions, il est indispensable de poser tout d'abord la question suivante : en quoi la mise en scène est-elle un art ? Autrement dit : qu'est-ce qui fait qu'une mise en scène soit précisément « la » mise en scène ? Sans élaboration d'une réponse à cette question, on ne peut parler d'enseignement et/ou d'apprentissage du langage de la mise en scène[5]. Pour une pédagogie véritable de la profession de metteur en scène, il manque la cristallisation des notions d'un *savoir* spécifique et circonscrit dont les *éléments* définissent les *moyens* (les outils) qui, appliqués au *matériau* dramatique (l'objet), réalisent *la représentation dramatique* (le résultat). Dans la mise en scène, tout comme, d'ailleurs, dans d'autres domaines de la création, il existe

---

[5] Au sujet d'une *Enquête anonyme sur la mise en scène vue par ses pratiquants*, voir *Remarques et commentaires*, p. 196.

certains éléments stables que tous les metteurs en scène appliquent lors de la création d'un spectacle dramatique, sans lesquels il n'y a pas de mise en scène, et que nous pouvons appeler « le contenu minimal commun » (le plus petit dénominateur commun) de toutes les représentations dramatiques. Tout le reste peut être rejeté dans les poétiques et les goûts personnels. Ou pour Robert Lewis[6], il existe une grammaire qui sert à développer la technique de la mise en scène avec des éléments qui sont utiles pour n'importe quel style théâtral. La transmission d'une expérience personnelle, de génération en génération, est aujourd'hui, à l'époque des nouveaux médias et des technologies, dépassée. Cette forme de transmission du savoir tient davantage au caractère fortuit et arbitraire dans l'évolution professionnelle d'un enseignant/metteur en scène particulier qu'à l'élaboration systématique de l'essence même de cette profession.

Déjà en 1921 A. Taïrov écrit dans ses *Notes du metteur en scène*, sous le titre grandiloquent de « Dilettantisme et maîtrise » : « Si vous désirez jouer correctement du piano, on considère comme normal que vous deviez vous exercer quotidiennement pendant quasiment dix ans sans qu'il vous vienne à l'esprit de vous présenter à un concert ; un effort immense est nécessaire, des études préparatoires et des exercices, afin que le désir flou et une volonté pure se transforment en une maîtrise véritable »[7]. Un minimum de connaissances présuppose l'élaboration du traité, d'une *méthode* (représentation cohérente, substantielle, des principaux éléments de la profession elle-même). Un futur metteur en scène n'aura aucune garantie pour l'apprentissage du langage de son métier s'il ne s'appuie que sur l'expérience des autres, sur des documents et descriptions (par ailleurs nombreux), et s'il ne s'approprie auparavant la maîtrise du fondement systématique du langage de la mise en scène dans son ensemble[8]. Quelqu'un peut apprendre à extraire une racine carrée

---

[6] Robert Lewis pense en premier lieu à la technique du jeu d'acteur dans le texte ; voir R. LEWIS, *Un demi-siècle dans le théâtre américain* in Bouffoneries N° 18/19, France 1989.
[7] A. TAÏROV, *Notes of a Director,* Florida, University of Miami, 1969.
[8] Les « méthodes » les plus courantes de la transmission/apprentissage du savoir

en mathématiques à l'aide de tables logarithmiques. Sans une connaissance préalable des mathématiques d'Euclide et des différentielles infinitésimales, il ne saura pas néanmoins ce que sont les mathématiques. G. Tovstonogov répétait à chaque nouvelle génération d'étudiants en mise en scène que l'on n'apprend pas le résultat mais le processus*.

Nous avons donc devant nous une tâche précise : isoler, systématiser et définir les principaux éléments du langage de la mise en scène comme étant indispensables et nécessaires dans leurs actions mutuelles à travers le processus. Sans eux l'art de la mise en scène ne pourrait même pas exister comme activité autonome. Ce n'est que lorsque nous aurons distingué ces éléments fondamentaux et les rapports qu'ils entretiennent mutuellement – tout en respectant le principe selon lequel l'apprentissage de la mise en scène se transmet indépendamment de la poétique personnelle du metteur en scène/enseignant – que nous disposerons des critères nécessaires à un apprentissage méthodique, à une mise en scène et un jugement sur la mise en scène.

Mais avant de répondre à la question « qu'est-ce que la mise en scène », tâchons d'élucider deux hypothèses communément admises.

---

existent sous forme de confessions (voir quelques difficultés typiques autour des *Quelques théories modèles de la mise en scène, écrites par les metteurs en scène*, dans *Remarques et commentaires*, p.197), recueils d'écrits, journaux intimes de metteurs en scène autour de leur travail de répétitions ou/et de leur représentations ; de souvenirs d'acteurs, de leurs témoignages et descriptions de travaux avec des metteurs en scène; de jugements de valeur énoncés par des critiques ; de classifications des théoriciens ; de reconstructions de fragments monographiques ; de croquis faits par des metteurs en scène, de maquettes et de photographies…

G.A. TOVSTONOGOV enseigna la mise en scène pendant plusieurs décennies à l'Université GITIS à Leningrad (aujourd'hui Saint-Pétersbourg).

L'Approche des hypothèses en vigueur

Si nous avançons que la mise en scène est l'art de la création des représentations théâtrales, la notion de représentation théâtrale apparaît trop large puisqu'elle embrasse – l'expérience nous le suggère – une grande diversité de types de représentations scéniques : rituels et représentations sportives, cirque et manifestations folkloriques, opéra, ballet, drame, « one man show » et « happening », toutes formes supposant des mariages de genre comme les représentations de musique conceptuelle ou les choréo-drames. Nous voici contraints d'utiliser des critères afin de nous aider à classifier, selon certains points communs, les variations de la représentation scénique. Se signale, comme premier critère de classification, *l'objet de l'expression*. Qu'est-ce que les participants au spectacle maîtrisent ou bien que veulent-ils montrer ? Ainsi nous obtenons deux types de spectacles : A. *de la démonstration de la maîtrise de l'art* et B. *de l'art de l'imagination*.

A. Dans les représentations de la *démonstration de la maîtrise de l'art*, les participants doivent prouver la même *maîtrise* que leurs adversaires comme dans le cas du sport ; au cirque, les participants démontrent la maîtrise de l'art de jouer avec les limites des lois de la nature.

B. Dans les représentations de *l'art de l'imagination* les participants deviennent des personnages dans le but d'introduire le spectateur dans un univers imaginé : leur art est uniquement celui de la *transformation*.

Nous pouvons confirmer la distinction proposée par un aperçu de la nature des règles du jeu. Dans le groupe A, les exigences de la mise en scène n'existent pas. Des règles agonales existent qui impose la forme et la dimension du terrain, les types d'obstacles... Les règles sont toujours les mêmes et valables pour tous les participants. Dans le groupe B, les règles du jeu sont formulées en fonction de leur usage pour chaque spectacle. En effet, les participants n'entrent pas en compétition entre eux ni avec les lois de la nature. Comme à chaque fois on imagine de nouvelles règles, quelqu'un doit agir comme metteur en scène.

Il se peut cependant que, pour les représentations de l'imagination (groupe B), la mise en scène n'occupe pas une place suffisante ou que sa nature s'avère différente. Nous sommes contraints de procéder à une nouvelle classification qui, cette fois, se rapportera aux *moyens d'expression*. Nouveau critère donc : de quoi les participants se servent-ils en priorité pour s'exprimer ? Nous distinguons quatre types de spectacles : a) *narratifs,* b) *musicaux,* c) *dansés,* et d) *dramatiques* [*].

Première hypothèse : *la mise en scène est présente dans toutes les représentations théâtrales.*

a) *Les spectacles narratifs.* Ils sont assurés traditionnellement par les conteurs et les interprètes des contes, les récitants, les pantomimes, etc. Aujourd'hui, le théâtre d'acteur et les interprètes de sketches en font partie. La nature même de la

---

[*] Nous acceptons la remarque qui nous sera probablement adressée qu'entre ces quatre catégories il existe des formes mixtes de représentations (drame avec chant, musique avec danse, etc.). Nous isolons arbitrairement des formes pures afin de faire apparaître facilement celles qui sont mixtes.

narration suppose que l'exécutant est un *intermédiaire* qui *illustre* l'histoire à l'aide du jeu dramatique ou qui en accompagne les moments clés. Il est difficile de déterminer ici la place et la nature de la mise en scène car la maîtrise du jeu de l'acteur est prépondérant.

      b)   *Les spectacles musicaux.* Les rituels, les soirées folkloriques, l'opéra, l'opérette, le music-hall : toutes les formes au service de la musique. Il existe quelques éléments rudimentaires de l'histoire et du jeu dramatique – surtout dans l'opéra – mais dans la représentation tout est envisagé scéniquement comme *support* de l'effet musical exercé sur le spectateur. La place de la mise en scène est ici également incertaine.

      c)   *Les spectacles dansés.* Les danses traditionnelles et rituelles, le ballet. Les danses folkloriques n'ont pas de mise en scène. Les figures se transmettent de génération en génération portant toujours les mêmes significations. Le ballet, par contre suppose un chorégraphe. C'est incontestablement lui – surtout dans le ballet contemporain – qui remplit certains objectifs de la mise en scène.

      d)   *Les spectacles dramatiques.* Tragédie, comédie, drame, etc. Le moyen principal de l'expression est *l'action dramatique*. Tout naît d'elle et s'y incarne. Aussi bien la pièce que le jeu dramatique, la scénographie que la musique, les costumes que l'éclairage, etc., fonctionnent autour d'elle. Voilà l'authentique métier du metteur en scène : exprimer quelque chose en s'appuyant sur l'action dramatique et adapter tous les éléments du spectacle en fonction d'elle.

    Nous nous attendons ici à la critique suivante : aussi bien dans les spectacles narratifs, les spectacles musicaux que les spectacles dansés, il existe une action dramatique. Ce constat résulte d'une confusion profondément ancrée. Les trois formes mentionnées emploient l'action dramatique comme support en fonction de *l'histoire* pour exprimer cette dernière sous forme narrative, musicale ou dansée. Elles n'ont pas pour but l'expression dramatique elle-même. Les spectacles dramatiques, au contraire, visent la création de l'action dramatique (laquelle peut se servir aussi bien de la narration, de la danse que de la musique). Ici, il s'agit de la différence entre « dramatique » au sens de forme théâtrale, et « dramatique » au sens commun de grave, pénible : tout ce qui est dramatique au sens grave et pénible ne doit pas être dramatique au sens théâtral, mais tout ce qui est dramatique au sens théâtral doit être dramatique au sens grave et pénible (même lorsqu'il s'agit du risible comme dans le cas de la comédie).

Conformément à l'hypothèse selon laquelle la mise en scène est le propre de toutes les représentations théâtrales, nous nous trouvons confronté à un problème. En effet, dans les trois premiers types de spectacles, le besoin existe de recourir à quelques éléments de mise en scène alors que, dans le spectacle dramatique, seule la mise en scène s'avère être une préoccupation à part entière ayant un objet précis : elle n'y est employée ni en fonction du jeu narratif, ni en fonction de la musique, ni en fonction de la danse. À l'inverse dans un spectacle dramatique tous trois se trouvent en fonction d'elle.

Nous dégageons trois possibilités :

1. Considérer qu'il existe plusieurs genres de mise en scène ;
2. Diviser la mise en scène en deux types : dramatique et non dramatique ;
3. Considérer uniquement la mise en scène dramatique comme de la mise en scène .

1. L'idée de l'existence de plusieurs genres de mise en scène est relativement répandue (la mise en scène théâtrale, cinématographique, appliquée à l'opéra, à la télévision et à la radio). Qu'ont-ils en commun? Dire que chaque média de masse a sa propre mise en scène n'est qu'une application de la notion de mise en scène et non une désignation d'essence. Si la mise en scène est une activité à part entière, unique, authentique et d'ensemble – non fragmentaire –, elle doit avoir des bases communes que l'on retrouve dans tous les médias. Pour l'instant, nous ne voyons ici comme base commune que l'action dramatique. Plusieurs genres de mise en scène se voient ainsi éliminés en tant que possibilité. Les mises en scène théâtrales, cinématographiques

ou télévisuelles se différencient du point de vue de la technique et non par leurs objectifs principaux qui visent à construire l'action dramatique.

2. Si la mise en scène est née de son rapport à l'action dramatique, pour quelle raison faudrait-il prendre une forme non dramatique quelconque pour une mise en scène ? C'est ainsi que tout ce qui est non dramatique n'appartient pas à la mise en scène. Il existe un théâtre non dramatique mais il n'existe pas de mise en scène non dramatique.

3. De toute évidence, il nous faut adopter la troisième possibilité. Il est incontestable que dans les spectacles non dramatiques on retrouve un peu de mise en scène, ne serait-ce qu'appliquée à des fragments. Mais pour qu'existe – au sens plein de ce mot – la profession de metteur en scène ne peut se baser que sur son intégralité et son indépendance.

Ainsi, sans l'action dramatique la mise en scène n'existe pas. Dans une représentation dramatique tout est soumis à la pensée dramatique. Le metteur en scène en porte entièrement la charge. C'est lui qui la recherche dans une pièce ou dans n'importe quel autre matériau, la conçoit et lui donne une forme propre à travers chaque représentation théâtrale. De là, lorsque nous nous référerons, à partir de maintenant, à la notion de mise en scène, nous penserons exclusivement à la mise en scène en tant qu'activité de l'incarnation scénique de l'action dramatique. Sans cette dernière, la mise en scène n'existe pas. C'est pourquoi nous proposons de distinguer dès à présent la *mise en spectacle* de la *mise en scène*[9]. Car la mise en scène ne correspond pas à une pure disposition physique des éléments de la représentation *sur la scène*,

---

[9] Il est question de la différence entre *la mise en scène* et la mise en *spectacle* (la mise en *espace*, la mise en *forme*, la mise en *image*, etc.). *Le metteur en scène* se charge de la première, le metteur *en spectacle* (en *espace*, en *forme*, en *image*, etc.) se charge de la seconde. Le premier s'occupe de l'action dramatique tandis que les autres se chargent de l'organisation de l'espace scénique, autrement dit de l'arrangement de la scène. Au 18ème siècle, on se contentait de dire *la mise*, écrit A. Pierron dans **Le théâtre, ses métiers, son langage**, Edition Hachette, coll. « Classiques », 1994, p. 71.

où la scène est envisagée en tant qu'objet architectural, mais *dans la scène,* où la *scène* incarne *la plus petite unité dramatique du conflit.*

Deuxième hypothèse : ***la mise en scène est présente dans le théâtre dramatique depuis son apparition***

Une des affirmations que l'on rencontre le plus souvent et que le travail du metteur en scène a été, de temps en temps, assumé par les écrivains eux-mêmes, par des producteurs ou par des acteurs. Pourtant, dire que ces derniers portaient à la scène des textes dramatiques ne signifie pas encore qu'ils les mettaient également en scène. Le fait est que la mise en scène en tant que profession à part entière – et le metteur en scène en tant que créateur autonome – est apparu il y a deux siècles à peine. S'il est vrai que la profession existait depuis la création du genre dramatique, où se cachait alors son représentant pendant presque deux millénaires et demi ? Il ne semble pas logique qu'il n'ait pas émergé plus tôt ! Cela signifierait-il qu'il n'était pas nécessaire ?

Pendant des siècles, sous la domination des pré-aristotélisme, aristotélisme et pseudo-aristotélisme, les pièces sont jouées, à chaque époque, selon les mêmes conventions scéniques. Ce que nous appelons aujourd'hui la mise en scène est alors codifiée et identique pour chaque pièce. Dans l'Antiquité, le changement de décors s'effectue à l'aide de *périactes* (un prisme à trois faces sur lesquelles étaient dessinés les décors, qui, pour chaque changement de scène, tournait autour de son axe. Sa fonction est de déterminer l'endroit où se déroule l'action scénique : une côte rocheuse, un endroit à proximité de la ville, une montagne, etc.) ; ou à l'aide *d'un eccyclème* (plate-forme roulante en bois ayant pour fonction de montrer, en le faisant pénétrer brutalement sur scène, ce qui se passe à l'intérieur du palais: les scènes se déroulaient en alternance à l'extérieur et à l'intérieur)[10].

---

[10] Sur les autres moyens techniques ayant un sens convenu à l'avance comme le sont *deus ex machina, theologeion, distegia, bronteion, keraunaskopeion,*

Les miracles médiévaux donnent des indications pour le Paradis d'un côté et pour l'Enfer de l'autre. Le drame élisabéthain, né dans les cours d'auberge, disposait obligatoirement d'une avant-scène, d'un auvent et de balcons. La scène italienne disposait d'une place de marché, la perspective de la rue représentée en peinture. Le théâtre classique français disposait de chambres à gauche et à droite, le décor extérieur peint en fond de scène... Nous voulons souligner ceci : il s'agit de textes différents, joués selon des conventions scéniques identiques. À chaque époque, il existait une solution unique de décor, une seule « mise en scène ».

C'est précisément au moment où le texte dramatique n'est plus conçu dans un sens scénique, comme l'ensemble des conventions établies et obligatoires, que le théâtre donnera naissance au metteur en scène. Les troupes montaient chaque pièce de la même façon. Avec l'apparition du metteur en scène une pièce devient chaque fois différente. Ainsi tombe le préjugé qui pose l'existence d'une mise en scène - unique - valable à toutes les époques. Préjugé d'ailleurs contradictoire : si la fonction de la mise en scène est de montrer différemment chaque texte, « une mise en scène unique » signifie alors davantage son absence que sa présence.

Le regard sur le théâtre comme « prolongement de la littérature » (G. Baty) s'est donc tari et, pour cela même, le rapport à l'action dramatique s'en trouve modifié. Elle n'incarne en effet plus une donnée accomplie dans un texte dramatique, mais – à l'occasion du texte dramatique – commence à être exprimée sur scène. Désormais, il ne suffit plus que l'écrivain conçoive une intrigue à l'intérieur d'une « histoire dramatique » et que « l'acteur la porte dans l'espace de la scène en tirant les solutions d'un fourre-tout rempli de codes figés »[11]. La nécessité que chaque pièce doive être montée de façon unique se fait de plus en plus sentir.

---

charôneioi klimakes, anapiesmata, hêmikuklion, stropheion, etc., nous informent, avec plus ou moins de succès, toutes les histoires du théâtre (nous nous sommes appuyé dans notre travail sur V. PANDOLFI, *Histoire du théâtre*, tome 1, I, 51. Verviers, Marabout Université, 1969).

[11] H. KLAJN, *Osnovni elementi rezije*, Beograd, ED. Univerzitet umetnosti, 1978. p. 245.

Car le rapport de l'acteur au jeu se voit modifié : le besoin de jouer les caractères évolue tandis que régresse celui de jouer les types de ces mêmes caractères. L'acteur récitant de moins en moins le texte, la signification même de la vraisemblance scénique change : à présent, c'est l'événement scénique uniquement interprété de manière originale qui gagne en valeur.

La pensée dramatique est née du besoin de produire l'événement devant le spectateur et non de le rapporter par l'intermédiaire du narrateur. Les mythes des anciens Grecs étaient remplis d'événements forts mais cela ne fut pas suffisant pour que le théâtre apparaisse. Ce n'est que par la découverte de l'action dramatique – une façon complètement inconnue de penser l'action à l'intérieur d'une « histoire narrative » – que les actions de beaucoup d'histoires grecques acquirent une nouvelle vie : ne sont choisies que celles qui peuvent servir en tant qu'événement dramatique. *Œdipe roi* de Sophocle n'est pas une histoire sur le destin d'Œdipe mais l'événement par lequel Œdipe effectue une *recherche*[12].

L'art dramatique est né lorsqu'on a isolé de l'histoire *l'action dramatique*. La mise en scène est née lorsqu'on a isolé de l'action dramatique *l'action scénique*. Et de même que les écrivains dramatiques décrivaient différemment le même événement, les metteurs en scène commencent à mettre en scène de manière différente le même texte. Il ne fait aucun doute que la naissance de la mise en scène, en tant qu'activité, soit liée à un tournant : celui qui va d'*une solution scénique* à laquelle correspond *une multitude de textes* vers *un texte dramatique* auquel correspond *une multitude de solutions scéniques*. L'accroissement de la conscience sur l'insuffisance de l'action dramatique elle-même pour créer une représentation réussie, et le besoin de la dramatisation de l'événement scénique à l'aide de l'action dramatique proposée dans une pièce, ont obligé les créateurs des représentations théâtrales à rompre (à commencer par le mode du jeu dramatique jusqu'au décor scénique de chaque spectacle particulier) avec les codifications scéniques universelles, tout

---

[12] F. FERGUSSON, *The Idea of a Theatre*, Part One – I, *The tragic thytme of action*, Princeton University Press, 1968.

comme avec tout autre sorte de stéréotype.

Étant donné que l'action dramatique représente le squelette même de l'art dramatique, les raisons pour lesquelles il est possible de fonder la mise en scène uniquement sur le sens dramatique et qui font que son apparition soit un phénomène relativement récent, apparaissent clairement. Des siècles étaient nécessaires pour que l'on cesse de regarder le théâtre comme une forme littéraire, comme un art associant l'écrivain et l'acteur autour de la réalisation de l'histoire. Et cela jusqu'à ce que l'on ait compris que la narration au théâtre est « une chair morte », et que l'art dramatique est *la production de l'événement* (ce qui exige un metteur en scène) et non *la représentation de l'histoire* (ce qui requiert seulement quelqu'un qui la narre, qui « l'arrange »).

Il nous semble que nous avons ainsi écarté la confusion entre l'art dramatique et les autres genres scéniques[*]. La mise en scène s'incarne exclusivement à travers l'action dramatique, ce sans quoi il ne peut pas être question de mise en scène[**].

.

---

[*] De nombreuses représentations qui traduisent des sensations fortes doivent leur imagination aux sculpteurs (comme c'est le cas avec le théâtre de T. Kantor) ou à la musique (comme dans le cas de B. Wilson qui a construit ses visions sur des compositions minimales de Ph. Glass) ou inter-générique comme l'est le Cirque du Soleil). Nous éprouvons du plaisir et admirons leur théâtre mais il nous est impossible d'isoler à partir de celui-ci une méthode de langage dramatique universel, seule base de l'apprentissage de l'art de la mise en scène.

[**] La notion même de mise en scène renvoie, dans plusieurs langues, à des étymologies différentes. *Directing* (en anglais) renvoie à un dirigeant, à celui qui dirige la création d'une représentation. *Régie* (en allemand, utilisé dans la plupart des pays de l'espace linguistique slave et latin) renvoie à celui qui s'occupe des tâches financières et organisationnelles liées à une représentation. *Mise en scène* correspond le mieux à cette profession, étant donné qu'il ne s'agit ni du directeur de la troupe, ni du producteur, mais de quelqu'un qui, en occupant la même place que les autres acteurs d'une représentation, est chargé uniquement de donner une forme dramatique à cette dernière.

Définition du langage de l'art de la mise en scène.

Au cours de l'histoire, la notion d'action change d'ampleur et, pour cela même, de sens. Elle sert parfois à distinguer, tout simplement, le drame de la narration. Parfois, associée au mot « dramatique », elle se réfère à l'ensemble de la pièce. Parfois, elle est employée dans le but de préciser une de ses « sous-notions » comme le sont l'action scénique, oratoire, physique. Un aperçu plus attentif du « destin » de la notion d'action à travers l'histoire le confirme aisément. Ce n'est qu'avec Diderot que l'on parvient à une distinction claire entre action dramatique et action scénique. La première, c'est l'action de la pièce représentée et elle comprend l'ensemble de la pièce scénique ou bien de l'événement scénique. Elle se compose des actions scéniques. Pourtant une action scénique n'est pas toute action exécutée sur scène dans le cadre d'une action dramatique. Elle sous-entend uniquement l'action qui génère le conflit. Autrement dit : toute une série d'actions scéniques qui se confrontent autour d'un objet. Elles créent, dans leur totalité, l'événement scénique. Donc, nous sommes muni d'éléments de base pour la construction d'une méthode de langage de la mise en scène.

Nous disposons de *l'événement*, du *conflit* et de *l'action scénique*. Tout le reste en découle.

Nous avons donc écarté les hypothèses en vigueur et établi que la mise en scène n'existe, pour des raisons tout à fait évidentes, que depuis peu de temps. Nous avons aussi établie le fait qu'elle n'existe pas en dehors de la pensée dramatique, une fois la classification de Diderot prise en compte. Nous pouvons conclure sans difficulté que la *mise en scène* est alors un art qui part de l'*action dramatique*, se sert des *actions scéniques* dans la construction du *conflit* afin d'incarner *l'événement scénique*.

Si nous prenons en considération que chaque texte dramatique se met en scène différemment – c'est à dire que l'action dramatique possède un potentiel virtuel d'une infinité d'aspects – nous pouvons conclure que la notion d'aspect dramatique est essentielle pour la définition de la mise en scène.

De la même manière, et on peut le voir lors du travail pratique sur scène, nous remarquons que les actions prévues par la pièce ne ressemblent pas à celles qui sont exécutées sur le plateau. Les actions scéniques s'en distinguent, ce qui nous confronte à un paradoxe. « Qu'est-ce qu'on fait maintenant ? » - demande Vladimir dans *En attendant Godot*. « On attend. » - lui répond Estragon. « Oui, mais en attendant ? » - veut savoir Vladimir. Qu'est-ce qu'on fait en attendant, veut-il savoir : *Que fait-on en faisant déjà quelque chose ?* - là se trouve le paradoxe de l'action scénique.

Par conséquent, notre définition consiste à dire que la mise en scène est un art *de l'interprétation de l'aspect dramatique de la pièce (de l'action dramatique), en appliquant les actions scéniques paradoxales à l'action proposée de la scène (en incarnant l'événement scénique).*

Il nous reste à présent à élaborer plus en détail, dans les pages qui suivent, le caractère complet de la définition ci-dessus.

Deux préjugés profondément ancrés du théâtre contemporain

Compte tenu des idées précédemment émises, et avant d'exposer la matière du langage, éliminons tout d'abord deux principaux obstacles liés à la compréhension de la mise en scène en tant que profession.

1. Le théâtre d'écrivain, d'acteur ou de metteur en scène ?

La naissance et l'enfance du théâtre se sont écoulées principalement sous le signe de l'écrivain. On allait voir les pièces d'Eschyle, de Sophocle, d'Euripide, d'Aristophane... Il arrivait parfois que l'écrivain soit également un des acteurs, mais cela n'était pas obligatoire (Sophocle, ayant une voix faible, a renoncé à interpréter ses pièces). Parallèlement se développait le mime dont la tradition revêt pendant la Renaissance la forme de la commedia dell'arte. C'est également le premier théâtre dramatique dans l'histoire qui détrône l'écrivain laissant toute gloire à l'acteur. On y court, on y tombe, on y crie, on y gémit, on y ricane, on y geint... il y a peu de texte mais il est compréhensible par tous les spectateurs.

La jeunesse du théâtre se déroule sous le signe de l'acteur[*]. Et lorsque les textes d'auteurs importants commencent à être interprétés par des acteurs connus, on se rend au théâtre afin d'admirer leur façon de jouer. Quoi qu'il en soit, Shakespeare a été dénaturé bien auparavant. Dans différents pays, les théâtres s'aperçoivent du problème qui se produit dès que l'on joue les pièces créées à l'origine au sein d'autres nations. Lorsqu'une pièce traverse les frontières nationales, il lui faut détenir quelque chose de plus qu'un acteur star du théâtre, quelque chose qui puisse permettre à cette pièce de communiquer comme s'il s'agissait d'une pièce « nationale ». Car pour le spectateur, le théâtre étranger n'existe pas. Un médiateur devenait donc indispensable, quelqu'un qui, en ne traduisant plus un personnage seulement mais l'ensemble d'une pièce, transformerait un texte étranger en une représentation « nationale », en une représentation adaptée à chaque pays. Les écrivains peuvent être étrangers, mais non la représentation de leurs pièces. Grâce à la mise en scène le sens national du théâtre devient ainsi, définitivement, international. *Dom Juan* de Molière mis en scène à Moscou ou à New York n'est plus un reflet de sa première touche nationale. Les spectacles sont respectivement, russes et américains. Molière demeure un auteur français mais on ne peut plus dire la même chose des représentations créées à partir de ses pièces.

Lorsqu'en Angleterre, au début du 19ème siècle, Kean, Kemble, Macready, bien que stars du théâtre de leurs temps, sentent qu'il faut détruire la conception : « spectacle = acteur star + figurants », ils rompent avec la tradition de la déclamation, du décor et des costumes « brouillés » par les siècles, les mutilations de textes des classiques en rapport au goût et à la morale d'une époque. La même chose se produit peu de temps après en Allemagne. Le Duc de Meiningen et le metteur en scène Chronegk s'aperçoivent des changements survenus en Angleterre. Influencés, ils fondent une troupe qui sera célébrée comme la première à avoir détourné un système fondé sur les acteurs stars. Leur répertoire

---

[*] Bien évidemment, même à l'époque dominée par les écrivains, il existait des acteurs favoris tout comme il existait des écrivains favoris à l'époque dominée par des acteurs.

montre, pour la première fois de manière systématique, que les écrivains peuvent traverser les frontières des nations tout comme celles des siècles[13].

Selon un préjugé largement répandu, le théâtre devrait être, depuis lors, un théâtre de metteur en scène. C'est ainsi qu'un vain débat s'engage. D'après les réactions de nombreux acteurs, le metteur en scène s'est emparé de trop de pouvoir. Cependant, Antoine et Stanislavski n'ont pas « pris le pouvoir » à cause de la mise en scène, mais pour l'interprétation du texte de l'auteur. Tous deux ont ainsi rendu sa dignité à la pièce. On réagira aussi contre eux peu de temps après. Au 20ème siècle, Antonin Artaud va inspirer, entre les années 60 et 80, tout un mouvement s'opposant à la domination du texte, ce qui ne fait qu'augmenter la confusion : la plupart des débats ont perdu de vue qu'il ne s'agit que d'une réaction contre un théâtre désuet du décor et de la déclamation, et en aucun cas contre les principes ayant guidé Antoine et Stanislavski, tout comme leurs élèves et leurs tenants. Ceux-ci se sont soulevés contre les représentations théâtrales où la mise en scène est, précisément, absente. C'est dans ce sens que l'affirmation selon laquelle le théâtre est devenu un théâtre de metteur en scène doit ici être rejetée. Chaque spectacle, quel qu'il soit du point de vue de l'imagination, dans lequel l'interprétation de l'aspect dramatique a été accomplie, satisfait tout autant l'auteur et l'acteur que le metteur en scène.

Le théâtre de metteur en scène, par conséquent, n'existe pas. C'est une insinuation des défenseurs d'une tradition douteuse. Le théâtre de metteur en scène est synonyme de théâtre dramatique. Grâce au metteur en scène, les représentations ne diffèrent pas les unes des autres de par les auteurs ou les acteurs mais bel et bien de par le caractère dramatique.

---

[13] Le plus représenté était Schiller, avec ses 9 œuvres et ses 1250 représentations théâtrales. Puis Shakespeare avec ses 6 pièces et ses 820 représentations. Les seules 2 œuvres de Molière ont été jouées 112 fois. Les deux pièces du jeune Ibsen sont également jouées, dont une, *Scandales* est retirée de l'affiche sous la pression du public.

2. Le jeu de représenter et le jeu de vivre

Stanislavski a, au tout début de sa carrière, trouvé un théâtre étouffé sous le poids des stéréotypes. Les cabotins de toutes sortes sévissaient sur les scènes d'Europe. Il suffisait d'apprendre le texte (le mieux possible) par cœur, et au bout de quelques jours un nouveau spectacle pouvait être produit devant le public. Tout était stéréotypé : le décor, les costumes, la place centrale pour les scènes importantes située à l'avant-scène, la manière dont on tient les mains au moment l'où on souffre et celle dont il faut fixer le public au moment où l'on rit. Stanislavski, en s'opposant à cette tradition, au mauvais jeu théâtral, en vient à l'idée du jeu de vivre sans pour autant avoir jamais nié l'existence de grands talents utilisant le jeu de représenter[14]. Selon lui, le principal défaut du jeu de représenter consiste en l'absence de système garantissant des solutions originales à chaque pièce.

Aujourd'hui, un siècle après lui, il n'existe pas au théâtre, au cinéma, à la télévision, de pièces ou d'acteurs bons ou moins bons. Le théâtre de boulevard remplit ses salles autant que les petites histoires prétentieuses du cinéma ou des « soap-opéra » les foyers. Pourquoi ?

Tout d'abord, parce que la production dramatique a augmenté et continue d'augmenter à une vitesse vertigineuse grâce aux nouveaux médias de masse. Beaucoup plus de créateurs, avec moins de formation et d'expérience, entrent dans la profession. La quantité a réduit la qualité. La formation des artistes se fait selon la stratégie suivante : imite ce qui réussit. Ainsi, toutes les tendances du passé se perpétuent dans la profession.

De plus, parmi ceux-là mêmes qui ont accepté le système de Stanislavski, il y a peu d'artistes authentiques capables d'être originaux dans chaque nouveau projet. En fait, les rouages sont grippés à l'intérieur même du système. Pourquoi ? À cause de son caractère complexe et de l'exigence d'un long apprentissage, ce système ne constitue pas un bon cadre pour garantir au nombre de

---

[14] K. STANISLAVSKI, *La formation de l'acteur*, dans *Où jouer devient un art*, Paris, Edition Pygmalion, 1986 (traduit de l'anglais E. Janvier).

plus en plus croissant d'acteurs et de metteurs en scène une solide base professionnelle et reste ainsi destiné à l'élite.

La vérité est encore ailleurs : la distinction entre jeu de représenter et jeu de vivre est artificielle et difficile à soutenir. Le jeu de représenter étant synonyme du mauvais, le jeu de vivre celui d'un art véritable. Alors que la représentation n'est pas *a priori* mauvaise, pas plus que le jeu de vivre n'est *a priori* véritable.

Il n'existe pas de rôle qui ne sous-entende les émotions. L'unique question est de savoir comment parvenir aux émotions au cours du travail sur une représentation. En effet, deux extrêmes que l'on ne retrouve pas dans une forme pure de la praxis théâtrale, sont à l'œuvre. Les acteurs de ce qu'on pourrait appeler l'école du jeu de représenter s'engagent à rechercher les émotions qu'un personnage devrait éprouver dans une certaine situation. Les acteurs formés à la méthode de Stanislavski procèdent de la même manière mais utilisent également la mémoire affective leur « garantissant » de trouver les émotions « les plus vraies ». Comme si le vrai était toujours garant de l'original ! L'acteur trouve dans sa mémoire une émotion qu'il a éprouvée dans d'autres circonstances et l'applique directement au rôle. Comme s'il ne pouvait pas se tromper également par rapport à cette émotion retrouvée ? ! La sincérité ne garantit pas l'originalité. Il n'y a pas, par conséquent, un avantage d'une école sur l'autre. Ces deux écoles, prônant ce travail quotidien sur le personnage, sont encore actives aujourd'hui.

Les émotions sont innombrables de par leur profondeur et leurs nuances mais « pauvres » de par leur expressivité. L'acteur peut exprimer un personnage en recourant à quelques émotions à peine, le reste n'est que question de nuances. Les émotions sont le fondement de l'ensemble de la scène et leur sincérité dépend de la façon dont une émotion modifiera une autre. Les acteurs issus des deux écoles s'efforcent de les maîtriser.

Pourtant, reste encore un problème beaucoup plus important : l'originalité. Le spectateur est confronté à la difficulté de discerner la nuance dans la profondeur de l'émotion. Par quoi les acteurs qui jouent Don Rodrigue se distinguent-ils ? Ce n'est sûrement pas par la profondeur des émotions qu'ils éprouvent. Sur scène, on peut être sincère, vrai, et... non convainquant. Le spectateur ne porte pas en lui un « émotiomètre » qui lui permette de lire une scène selon l'importance des émotions. Cette scène est profonde, donc il s'agit de quelque chose d'important ; elle est superficielle, il ne faut donc pas lui prêter d'attention. Plus sérieusement, l'émotion est ce qui accompagne, sans la modifier, l'action scénique. Nous distinguons les différentes manières d'interpréter le personnage d'Hamlet selon les différentes actions scéniques et non selon la véhémence manifestée par l'acteur dans sa manière d'éprouver les émotions « vraies ». Sans différence entre les actions scéniques, les interprétations d'un même personnage ne varient pas. Autrement dit, c'est uniquement la différence entre les actions scéniques qui varie les interprétations. Car dans la conscience du spectateur les émotions « grandes » et profondes ne s'explique pas plus que les émotions « petites » et frivoles. Le public vit les actions et c'est la raison pour laquelle un jeu basé sur les émotions est un stéréotype. C'est aussi la première raison pour laquelle le metteur en scène, en travaillant avec l'acteur sur un rôle, ne recherche pas les émotions étant donné que ces dernières viennent tout naturellement lorsqu'est trouvée l'action scénique la mieux adaptée.

La deuxième raison concerne le jeu de vivre. Prenons la folie d'Ophélie comme exemple. Quelle est l'émotion relative à la folie que l'actrice qui interprète Ophélie recherche dans sa mémoire affective ? Elle ne se réfère à rien qui soit de la folie, car dans sa nature même se trouve l'absence de conscience de soi. Seul quelqu'un de conscient peut rechercher ses émotions. Les actrices qui interprètent Ophélie imputent le plus souvent au personnage l'idée qu'elles-mêmes ont de la folie, un sentiment tragique que ces êtres malheureux suscitent en nous. Il est en fait inutile de rechercher l'émotion de la folie pour interpréter la folie. Ophélie est, au début de sa folie, une fille joyeuse qui invite au chant et à la joie. Plus une actrice trouve des actions scéniques imaginatives qui invitent à la joie, plus le personnage sera fou, donc tragique.

Par conséquent, ce qui est en question concerne le choix des actions scéniques qui rendent un personnage convainquant pour le spectateur. L'essentiel se trouve dans ce que le personnage fait, et non dans ce qu'il ressent. Ceux qui incarnent l'école du jeu de représenter, tout comme ceux de l'école du jeu de vivre ne seront pas sincères s'ils ne trouvent pas une action scénique concrète et pertinente. Ils resteront ainsi abstraits. Les uns simuleront les sentiments du personnage alors que les autres ressentiront sincèrement leurs propres sentiments.

Il va de soi que l'action scénique paradoxale résout ce faux dilemme par le fait qu'elle ne le pose même pas. Car se demander comment ressentir une souffrance profonde due à l'injustice, une mélancolie matinale, une joie procurée par l'odeur des fleurs... ne mène nulle part, si ce n'est dans un cul-de-sac, dans l'abstraction ou dans des discussions stériles. Le paradoxe nous en préserve car il exige que l'on recherche pour chaque chose, dans l'action, une action scénique concrète. Il suffit de se souvenir de Brecht. Ses acteurs jouent la distance par rapport au personnage, ce qui ne nous empêche pas de partager avec eux l'émotion de la joie ou celle de la tristesse. Ils n'ont pas le défaut de l'émotion, ni le défaut de la sincérité.

Cinq exigences de la mise en scène

Nous pouvons à présent passer à l'élaboration du langage, élément dont se sert le metteur en scène dans la création d'une représentation dramatique. En accord avec tout ce qui précède, ce dernier se trouve confronté à des exigences fermes auxquelles, en aucun cas, il ne peut échapper.

1. À chaque spectacle ses nouvelles règles.

Le metteur en scène parvient à produire l'émotion que nous éprouvons au théâtre en mettant en place les règles scéniques selon lesquelles se déroulera la pièce. Nous avons vu que la mise en scène, en tant que profession indépendante, existe uniquement si un aspect dramatique propre dans la résolution scénique est trouvé pour chaque pièce. La représentation est un jeu de travestissement et – comme tout autre jeu – elle produit l'émotion uniquement si les participants, en respectant les mêmes règles, investissent leur imagination et tout leur savoir afin de réaliser leur objectif. De cette manière, on conserve l'unité de style de l'événement scénique. Le spectateur est prêt à accepter toutes les règles du jeu si celles-ci sont posées clairement et exécutées de façon conséquente. La création de nouvelles règles pour chaque spectacle exige de l'imagination de la part de tous les acteurs et de tous les participants à la représentation afin d'éviter l'imitation.

2. L'imitation est un « péché »

Il existe deux types d'imitation : a) l'imitation du théâtre, b) l'imitation de la vie.

a) L'imitation théâtrale sous-entend que l'on transmet, de spectacle en spectacle, des solutions toutes faites. Ici, il est question de la pétrification des moyens du jeu ce qui signifie l'absence d'imagination. Cela mène au règne des stéréotypes et des lieux-communs, ce qui est contraire à la nature même de la mise en scène.

b) Si nous voyons sur scène ce que nous pouvons voir dans la vie, pourquoi irions-nous alors au théâtre ou au cinéma ? Le théâtre n'est pas une répétition de la vie, pour cela l'imagination n'est pas nécessaire*. Le metteur en scène peut s'inspirer de la vie mais, lorsque celle-ci se trouve au théâtre soumise aux règles dramatiques, elle revêt un autre aspect. La vie peut être également dramatique mais les règles dramatiques ne s'appliquent pas à elle. Le metteur en scène s'interroge : comment insuffler de manière dramatique la vie à quelques éléments et créer un événement scénique inconnu ? Le théâtre ne sert pas à confirmer ce que nous savons déjà, ni à nous instruire sur quelque chose. Il existe pour nous émouvoir de manière dramatique et enrichir ainsi notre expérience. Nous allons au théâtre parce qu'il est plein de théâtre, parce que sa nature est la théâtralité.

---

* « Le problème réel de la scène est de créer quelque chose de tout à fait différent de la vieille et ennuyeuse réalité. Mais ce quelque chose de 'non naturel' doit être crédible, plein de vérité, de la nouvelle vérité triomphante qui n'a rien à voir avec ce que nous appelons la vérité derrière le comptoir de pharmacie, dans une banque ou dans le cabinet d'un avocat. » - écrivait N. EVREINOFF, dans son texte intitulé *Teatralnost*, Moskva, Vremja, 1923.

3. Le théâtre est toujours théâtral

L'histoire du théâtre a démontré que le besoin de mise en scène augmentait avec le besoin de rompre avec le théâtre des stéréotypes. Cela menait à l'imitation de la vie et tout ce processus se faisait au nom du réalisme. Du réalisme visuel comme au théâtre du duc de Meiningen ; stylistique comme au théâtre d'André Antoine[15] ; ou psychologique, comme au théâtre de Stanislavski[16]. Pourtant, tout réalisme est conditionnel, puisque les moyens grâce auxquels il se réalise sont théâtraux. Dire, au sujet de quelqu'un ou de quelque chose qu'il (qu'elle) est théâtral(e) signifie, en langage courant, qu'il(elle) est artificiel(le). Mais V. S. Meyerhold[17] et N. Evreinoff[18] rendent à cette notion son sens authentique : la théâtralité signifie qu'il ne faut pas construire l'illusion scénique sur la ressemblance avec la vie tout en dissimulant les moyens théâtraux. Ce serait s'opposer au « quatrième mur ». Pourtant, il est clair qu'en créant l'illusion scénique, en dissimulant ou en accentuant les moyens théâtraux, il est toujours question de théâtralité. Le réalisme n'est qu'un genre. Il emploie, dans sa fidélité même à la vie, des moyens théâtraux qui sont toujours... paradoxaux.

4. Les moyens scéniques sont toujours paradoxaux

Si nous voulons représenter sur scène l'obscurité, il ne suffit pas de couper l'éclairage dans la salle, cela indiquerait le début de la représentation, sa fin ou un changement de scène. L'obscurité, dans la vie en dehors de la scène et l'obscurité sur scène se réalisent différemment. Sur scène, on représente l'obscurité en allumant une bougie, en grattant une allumette ou en laissant un rayon de lumière descendre pour illuminer un point

---

[15] A. ANTOINE, *Mes souvenirs du Théâtre-Libre*, Paris 1921.
[16] K STANISLAVSKI, *La jeunesse artistique* in *Ma vie dans l'art*, Lausanne, lAge dHomme, 1986.
[17] V. MEYERHOLD, *Le Théâtre théâtral*. Présentation, traduction et choix de Nina Gourfinkel, Gallimard, Paris, 1963.
[18] N. EVREINOFF, *Teatralnost*, in Tomislav Sabljak, *Teatar XX stoljeca* (*Le théâtre du 20ème siècle*), Edité par Matica Hrvatska, Zagreb 1971.

quelconque de la scène. Au théâtre, l'obscurité se construit à l'aide de la lumière. La même chose se produit avec le son. Lorsque nous voulons suggérer un silence profond, nous n'utilisons pas les moyens d'une « chambre sourde » mais optons plutôt pour le bourdonnement d'un insecte, l'égouttement de l'eau d'un robinet, le sifflement du vent au loin ou encore le craquement d'une chaussure. Au théâtre, le silence se crée à l'aide du son. Si nous nous obstinons à représenter sur scène l'ennui de « Tchekhov », nous n'allons pas laisser l'ennui s'installer sur scène mais nous rechercherons une suite d'actions actives qui signifieront l'ennui. L'ennui, au théâtre, est extrêmement actif. Si nous voulons montrer que quelqu'un ne fait rien, nous devons le faire par une action très active.

5. L'action donne un sens nouveau au sens existant

Nous introduisons sur scène uniquement ce qui sert au jeu des personnages (aussi bien des personnages-acteurs que des personnages-objets personnifiés). Le jeu des personnages, à travers l'action, donne à tout objet un sens nouveau. La chaise devient berceau, la table se transforme en champ de bataille, le rideau devient un meurtrier, les fleurs incarnent le vieillissement... L'acteur désigne son texte avec le sous-texte. De là, rien n'est hasardeux sur scène : tout se trouve en rapport avec tout, la table renvoie au *sumatraïsme* en tant que principe du contrôle que le metteur en scène exerce sur les significations. Le *sumatraïsme* signifie : chaque phénomène dans le champ scénique se trouve dans un lien invisible avec les autres phénomènes ; on établit ces liens à l'aide de l'action scénique, grâce à quoi on obtient de nouvelles significations métaphoriques. Ce processus est appelé *pan-personnification*. Tout acquiert un sens exclusivement à travers l'action. Les significations apparentes imposées d'avance n'existent pas.

L'ÉVÉNEMENT

Narration et pensée dramatique

Un des préjugés les plus tenaces de l'art dramatique a trait à la notion d'*histoire*. La question la plus courante qui se pose au sujet d'une pièce ou d'un spectacle est la suivante : qu'est-ce qu'une pièce ou un spectacle racontent ? On oublie que dans l'art dramatique on ne raconte rien, mais que quelque chose, seulement, se produit. Même lorsque les personnages d'une pièce racontent une histoire, il ne s'agit alors que de leur action scénique de raconter. Ils font quelque chose, et par ce qu'ils font, ils déterminent leur lieu dramatique dans l'événement scénique. À l'origine de la pensée dramatique, on utilisait sans doute certains moyens typiquement narratifs, discours direct ou enchaînement des événements par exemple. Les statistiques pourraient démontrer que, dans *l'Iliade* d'Homère, le discours direct est relativement présent, autrement dit : les vers dans lesquels le poète fait parler le héros. Cela n'a pas suffi au drame pour apparaître comme un genre à part entière puisque le poète, le chanteur et le conteur étaient toujours ceux qui établissaient un lien entre les histoires grâce aux événements qu'ils décrivaient. Le lien même entre les événements était assuré par un chanteur ou un conteur. L'art narratif se présentait ainsi comme un art de la *médiation* assurée par eux. Ils sont les intermédiaires entre l'événement que l'on chante ou que l'on raconte et l'auditeur ou le spectateur. Le dithyrambe a été le plus proche dans sa ressemblance avec le théâtre[19]. Le poète s'arrêtait là où les acteurs illustraient des parties entières du poème.

L'idée qui a fait naître l'art dramatique était fondée sur des bases tout à fait différentes : on voulait exclure le narrateur de l'événement dont il est question dans une « histoire » imaginée. Et lorsque l'on élimine l'intermédiaire, les règles changent. Les personnages immédiats se trouvent devant nous et nous devons comprendre une certaine « histoire » à partir de leur action. Il n'est plus possible de relier une suite d'événements de la même manière, comme cela se faisait dans la narration. Et s'il n'est pas possible d'enchaîner les événements de manière indépendante, « l'histoire »

---

[19] Voir des études exhaustives sur le dithyrambe dans PICKARD-CAMBRIDGE, W. ARTHUR, *Dithyramb, Tragedy and Comedy*, Oxford, 1927.

doit alors être communiquée à travers *un* événement. On identifie mieux de cette façon comment « l'histoire « devient le résultat d'un événement scénique à travers (et l'on comprend mieux aussi sa dénomination) une action scénique. Il est difficile de représenter sur scène un enchaînement d'événements sans recourir à un intermédiaire, mais il est possible, à travers un événement immédiat, de parvenir jusqu'à une « histoire » (venir à la connaissance d'une suite d'événements auxquels nous n'avons pas assisté).

Le premier poète dramatique, en excluant le narrateur/intermédiaire, a placé les personnages dans une situation qui les obligeait à s'adresser directement les uns aux autres. Il a compris qu'il ne parviendrait à aucun résultat si les personnages restent d'accord entre eux et si, tour à tour, ils fournissent la description des événements. De cette façon, le nombre de narrateurs sur scène ne ferait que se multiplier ; ce qui était auparavant chanté/raconté par un intermédiaire, dans ce cas précis, en viendrait à être exécuté par plusieurs d'entre eux sans que la fonction de la narration ne change. La clé du problème est ailleurs : les personnages dont se sont investis les acteurs ne pouvaient pas servir en tant que pures illustrations de l'idée du narrateur. Il fallait qu'ils se mettent en conflit, pour que l'on arrive, à partir de ce conflit, à apprendre une certaine « histoire ». Ici, on retrouve l'événement scénique car il est impossible, à l'intérieur d'un conflit, de modifier de façon immédiate son objet ni même les événements d'une représentation. En effet, le lien avec « l'histoire » serait perdu. Un enchaînement infini d'événements tiendrait toujours de la narration[20]. Il est inutile de s'attarder sur la question de l'événement scénique qui s'oppose à l'histoire depuis qu'Artaud et l'avant-garde des années 70 l'ont radicalisée.

---

[20] Il ne faut pas oublier que la longueur des poèmes dépendait du contact qui s'établissait entre celui qui les déclamait et le public. Ils n'avaient pas toujours le même développement ni la même signification. À ce sujet, consulter A. B. LORD, *The Singer of Tales*, Howard University Press, 1960, le chapitre qui aborde le thème des *Formules*.

La solution se trouvait donc dans le *conflit* entre les personnages. Plusieurs solutions possibles, voire inattendues, naissent toujours d'un conflit. Le premier poète dramatique avait cherché une sortie qui soulignerait les raisons ayant conduit vers un événement choisi. De l'événement, on apprend donc une certaine « histoire » - ou l'histoire si l'on préfère - mais cette dernière, à proprement parler, ne s'interprète pas. On joue l'événement à partir duquel on découvre un ensemble qui ressemble à une certaine histoire. Le dramaturge ancien était convaincu que l'événement scénique sert à découvrir une histoire.

La pensée dramatique se base, par conséquent, sur un événement scénique qui représente le résultat d'une suite d'événements qui le précèdent et que l'on apprend à partir de l'événement même. L'événement sert à nous faire découvrir cet enchaînement causal. *Œdipe* de Sophocle *mène l'enquête* et découvre le tueur insoupçonné. L'action centrale qui constitue l'événement, est bien la *détection*. Le conflit rend possible une découverte inattendue - l'assassin est celui qui enquête sur le meurtre - ce qui ne nous apprend pas l'histoire mais le destin d'Œdipe. *Hamlet*, de par l'action, *met le pouvoir en danger*. Le conflit conduit vers une fin inattendue : non pas l'histoire d'Hamlet mais la fin de toute une dynastie. Le *Cid* est un drame de *l'entrave à l'amour*. Le conflit permet à Rodrigue de devenir, de manière inespérée, le héros tout en préservant son amour. Il n'y a aucune histoire, mais des événements qui permettent un aperçu des événements précédents. Dans *Les Trois Sœurs* on assiste à la *décadence de l'imitation* d'une vie menée à l'exemple des romans de gare. Le conflit produit chez les personnages et de manière déconcertante l'image vraie qu'ils ont d'eux-mêmes. Il n'y a pas la plus petite mention d'une histoire. L'action d'*En attendant Godot* est le *remplissage du temps*. Comme ultime issue, le conflit nous révèle l'inconscience que les personnages ont d'eux-mêmes. Ici encore, et même si nous le voulions, nous ne pourrions pas trouver le moindre point d'appui à l'histoire.

Le constat, à l'issu de l'événement scénique, d'un *contexte existentiel* plus large qui *a conditionné l'événement en question* et qui est *mis en lumière au travers de ce même événement*, fait de la pensée dramatique un genre artistique à part, entier et unique. Cela revient à dire qu'il n'est plus en lien avec la narration. C'est pour cela que nous insistons sur le fait que, dans un drame, n'existe ni histoire ni « histoire ». Il n'y a personne pour raconter au nom de l'ensemble des personnages. Dans un drame, les personnages n'ont pas leur représentant, ils se représentent eux-mêmes. Le fait que l'événement scénique dévoile un enchaînement plus large d'événements qui lui précèdent ne veut pas dire qu'il s'agit d'une histoire mais d'éléments qui se combinent de manière à produire un effet dramatique. Dans une histoire (légende, conte, nouvelle, roman...) un narrateur peut conditionner les événements comme bon lui semble. Son but est de construire une histoire complète. Dans l'événement scénique, une action en provoque une autre avec pour objectif de donner forme à une action dramatique d'ensemble. Cette causalité ne ressemble pas à la narration. C'est pour cela que l'art de diriger une action dramatique consiste en ce que, dans une relation attendu-inattendu, le jeu de rupture et de poursuite, de découverte du dissimulé et de la dissimulation du découvert (avec la remise à plus tard de ce qui a été annoncé et la surprise provoquée par ce qui ne l'a pas été) ouvre sans cesse plusieurs issues possibles pour le destin transcendant les destins des personnages[21].

Voici quelques exercices-modèles qui aident à percevoir la différence entre la pensée narrative et la pensée dramatique :

Exercice 1 : Deux hommes découvrent à travers une partie de carte qu'ils sont frères.
A : Ecrire la découverte en vers iambiques.
B : Dramatiser la découverte à travers le dialogue.

Exercice 2 : Deux sœurs découvrent à l'enterrement de leur mère que l'une d'elles a été adoptée.
A : Ecrire en décasyllabes.
B : Ecrire sous forme de dialogue à travers le conflit.

---

[21] Voir un aperçu exhaustif : *Les modèles de la pensée narrative et dramatique* dans les *Remarques et commentaires*, p. 207.

Exercice 3 : Une jeune fille écrivait des lettres à un jeune homme. Il s'avère qu'un autre se présente au rendez-vous.
A : Ecrire le malentendu en alexandrins.
B : Mener le dialogue de la rencontre à travers lequel nous découvrirons qu'il s'agit d'un malentendu.

L'action dramatique et l'aspect dramatique

Ayant cerné avec précision la nature de la pensée dramatique, le metteur en scène peut s'engager dans la compréhension de l'action dramatique. Il s'agit de l'action, qui, à travers un enchaînement de scènes, tient ensemble une pièce et/ou l'événement scénique tout en respectant le principe de la pensée dramatique. L'action dramatique est l'action que le dramaturge a à l'esprit lorsqu'il conçoit la pièce, que le lecteur de la pièce reconnaît en tant que dramatique, que le metteur en scène a pour base lorsqu'il choisit l'aspect dramatique de l'événement scénique et que le spectateur reconnaît en tant que dramatique lorsqu'il voit le spectacle. Elle est le générateur de la pièce et/ou de l'événement scénique qui se manifeste à travers l'enchaînement des scènes conditionnées entre elles de façon à produire l'effet dramatique sur le lecteur ou le spectateur.

L'action dramatique pour un metteur en scène est : *le conflit dont le renversement mène à un dénouement définitif par quoi l'événement gagne un sens existentiel*. Ce qui signifie qu'elle transcende, de par le sens, l'ensemble de l'événement scénique. Le metteur en scène concentre son attention créative sur la construction du conflit, le conditionnant de façon à ce qu'il *ouvre* - sans cesse - *la possibilité de plusieurs issues différentes*, jusqu'à l'issue définitive. Sans plusieurs dénouements possibles, jusqu'au dénouement définitif, la pensée dramatique n'est pas à l'œuvre, et pour cela même, l'action dramatique n'existe pas.

Le fait que l'action dramatique soit la *base générative* à partir de laquelle la pièce et l'événement scénique se développent rend possible sa simplicité par laquelle nous la reconnaissons mais aussi sa complexité par laquelle nous l'interprétons. Le metteur en scène exprime sa complexité à travers *l'aspect dramatique*[22]. Les représentations de la même pièce, exprimées à travers des événements différents choisis par différents metteurs en scène, se distinguent du point de vue de la mise en scène précisément par leur aspect dramatique.

Il apparaît donc que le metteur en scène ne s'occupe pas de l'action dramatique en interprétant son univers de thèmes et d'idées. Il s'intéresse exclusivement au caractère dramatique (selon la version de l'auteur) de l'action dramatique. Nous avons dit que pour un metteur en scène, il n'y a pas dans l'action dramatique de question philosophique, politique ou autre, excepté celle qui consiste à se demander comment incarner, de la façon la plus émouvante, l'aspect de l'événement d'où découleront le plus de questions possibles qui ne s'adressent pas à lui mais au spectateur. Pour la création de l'aspect dramatique, le metteur en scène, à l'aide de l'action scénique, complexifie les rapports dans un conflit en multipliant toute une série d'issues possibles desquelles, à la fin, sortira celle qui donne à l'ensemble de l'événement un sens existentiel. Ce sens existentiel de l'événement distingue la mise en scène de l'événement scénique de la pièce. Œdipe, de par l'action dramatique, découvre à la fin qu'il est lui-même la cause de son malheur. De par l'aspect dramatique de l'événement scénique, sa découverte peut signifier qu'il a été, en tant que roi, un tyran et c'est cela qui cause le malheur généralisé de tout un peuple. Hamlet met en danger, de par l'action dramatique, le règne de son oncle. De par l'aspect dramatique, il peut punir sa mère. Le Cid, de par l'action dramatique, met en danger le mariage désiré à cause de mœurs chevaleresques relatives à l'honneur. Par l'aspect dramatique, cela pourrait être une révolte contre les mœurs de son époque. Les trois sœurs, de la pièce de Tchekhov, se réconcilient de par l'action dramatique avec, pour destin, de rester dans un trou perdu boueux. L'aspect dramatique de l'événement peut montrer des gens qui ne conduisent pas leur vie mais que leur vie conduit ; mais aussi des personnages qui, dès qu'ils cessent de rêver,

---

[22] S. JENSEN, *Etudes sur les notions élémentaires d'une description de textes dramatiques*, chapitre *Qu'est-ce qu'une situation dramatique ?* Orbis Litterarum, 1973 XXVIII, 4., p. 235-292.

commencent à vivre la réalité. De par l'action dramatique, Beckett met ses personnages en situation de répétition. Vladimir et Estragon restent debout comme avant. De par l'aspect dramatique de l'événement scénique, il est possible que l'un d'eux ait assujetti l'autre ou que l'autre se soit révolté. Tout dépend de l'interprétation du metteur en scène de l'aspect dramatique.

L'aspect dramatique est par conséquent le moyen essentiel de l'interprétation, faite par le metteur en scène, de l'action dramatique qui s'incarne dans l'événement scénique. Autrement dit le sceau essentiel de son originalité.

Le simulacre de l'action dramatique

Nous sommes ici obligé de revenir sur l'abus de l'action dramatique. Les représentations remplies de situations tendues – à quoi correspondent en majeure partie les notions de théâtre de boulevard ou de film d'action – n'ont le plus souvent aucun lien avec l'action dramatique. Il est question de l'utilisation de certaines des *techniques* de l'action dramatique connues sous le nom usuel de suspense. Mettre les personnages en danger tout en leur posant des obstacles afin qu'ils s'en sortent n'est pas suffisant pour générer l'action dramatique. De même, annoncer l'intention puis la rendre impossible peut aboutir à un simple jeu de dissimulation de ce que le spectateur aimerait voir, de détournement de son attention sur un événement secondaire, ce qui correspond à la technique des attentes trompées. Ces techniques provoquent le plus souvent un suspense pour le spectateur mais de par l'issue finale nous n'apprenons rien d'existentiel pour les personnages ni de transcendantal pour l'ensemble de l'événement. Le meurtrier recherché sera capturé et cela ne signifie rien d'autre. Si la chasse au meurtrier n'acquiert pas dans son ensemble un sens existentiel l'action dramatique en est absente.

Œdipe découvre le meurtrier - lui-même. Ici, Sophocle s'est déjà efforcé de garantir un sens existentiel à l'action dramatique. Il appartient au metteur en scène de chercher pour chaque personnage son sens dramatique et de définir ainsi la signification existentielle dans l'événement scénique. Hamlet réussit à venger son père même s'il le paie de sa tête. Si l'événement scénique s'y arrête, l'effort du metteur en scène est vain. Une vengeance réussie, faite à ce prix, ouvre des significations existentielles innombrables. Vladimir et Estragon attendent obstinément, Godot n'arrive pas. Si l'événement scénique s'y arrête, il aboutit à l'illustration scénique du texte. La source des idées existentielles réside dans le fait qu'ils persistent à attendre et non dans le fait que Godot ne vient pas. Répondre à la question pourquoi ils attendent garantit de recourir à un aspect dramatique original.

Hegel a le premier remarqué que dans un drame se produit le conflit de deux principes égaux en droit. Le spectateur est partagé entre deux droits. Dans *Antigone* de Sophocle, il comprend aussi bien la justice de Créon que la justice d'Antigone. Le Cid se trouve face à un schisme entre l'ordre de l'âme et l'ordre de l'entourage ; les deux ordres sont égaux en droit. Là où les justes poursuivent les injustes, il n'y a pas d'action dramatique. Celle-ci sous-entend que tous les personnages ont droit à leur acte. Nous sommes conscients dans *Richard* du caractère odieux de Richard mais les circonstances historiques lui en donnent le droit : il occupe le pouvoir. Dans le film *Taxi Driver* de Martin Scorcese, le personnage principal se prête à notre condamnation morale mais le milieu dans lequel il évolue n'est pas moins condamnable.

Il est clair que l'action dramatique n'en est pas juge mais qu'elle met en conflit deux ou plusieurs comportements égaux en droit. A partir de là, l'impression produite chez le spectateur n'est pas la satisfaction de la justice ou de l'injustice mais le conflit entre deux justices (ou injustices). Tenir un spectateur en haleine pour rendre la justice ou l'injustice à quelqu'un n'appartient pas au travail du metteur en scène. « L'homme devient artiste au moment où il parvient à donner raison à tous ses héros. Car tu représentes la vie uniquement lorsque tu amènes tout à l'équilibre, lorsque tu donnes raison à tous. » a écrit Constantin Noica[23]. Si dans un événement scénique s'est produite uniquement l'action dramatique et que l'événement lui-même n'a pas atteint un sens existentiel à

---

[23] C. NOICA, *Journal philosophique*, Editeur Humanitas, Bucarest, 1990 – d'après la première édition de 1944.

travers l'aspect de la mise en scène, c'est que le metteur en scène s'est joué de l'attention du spectateur. Cela nous amène à nouveau à la technique dramatique. Nous la connaissons depuis la dramaturgie du théâtre jusqu'au cadrage et montage cinématographique. Il suffit que quelqu'un se cache derrière le rideau au moment où quelqu'un d'autre pénètre dans une pièce, pour que naisse le suspens. Pour que le suspense ne soit pas un but en soi, le metteur en scène cherche à donner un sens existentiel aussi bien à celui qui se cache derrière le rideau qu'à celui qui entre. Lorsque dans un film hollywoodien nous assistons pendant douze minutes à la scène du combat entre un maffioso et la police, nous comprenons que cette scène pourrait durer aussi bien trois que vingt minutes ; elle n'est qu'un camouflage habile de l'absence de raison existentielle pour qu'elle ait tout simplement lieu. Elle n'est donc qu'une démonstration du jeu technique avec la perception du spectateur (autrement dit : un camouflage du vide).

Nous revenons ici à l'idée de l'introduction : *tout ce qui est dramatique* (au sens grave et pénible) *n'est pas dramatique* (au sens théâtral) tandis que *tout ce qui est dramatique* (au sens théâtral) *est dramatique* (au sens grave et pénible). Le but du drame n'est pas de montrer que quelque chose s'est produit ou aurait pu se produire mais de nous mettre en lien avec ce qui se produit devant nous à l'aide d'un regard possible sur cet événement. Il est facile de cacher Polonius derrière le rideau dans la chambre de la mère. Cela produit le suspense. Mais si Polonius en tant que « sale policier » n'est pas représenté comme un personnage prêt à tout, ce suspens reste de nature perceptive. Le suspense n'est pas en lui-même une vertu de la mise en scène.

L'événement scénique

La connaissance de la nature de la pensée dramatique est, comme nous l'avons vu, indispensable pour percevoir plus clairement l'action dramatique en tant que telle. La connaissance de l'action dramatique est indispensable pour percevoir plus clairement son potentiel qui relève de son aspect. L'importance de ces distinctions n'est pas en ce que l'on sépare la pensée dramatique de la pensée narrative, ni l'action dramatique de ses simulacres, pour que le metteur en scène comprenne directement une pièce dramatique sans se satisfaire de « beaux » vers ou des scènes vainement tendues. Dans la rencontre avec une pièce, une « tactique de la lecture dramatique » particulière est nécessaire afin de trouver la dimension existentielle du futur événement scénique ; c'est-à-dire un de ses aspects dramatiques. Une fois qu'il aura établi quels participants du conflit seront les porteurs des droits à des intérêts différents et pareillement justifiables, le metteur en scène aura moins de mal à percevoir la dimension existentielle indispensable pour son aspect de l'événement scénique.

On remarquera que nous évitons consciemment la notion de représentation dramatique ou d'événement dramatique pour nous en tenir à la notion d'événement scénique. Nous le faisons pour plusieurs raisons.

Tout d'abord, on croit communément que l'action dramatique existante dans la pièce suffit pour une représentation dramatique : il faut s'en tenir à la pièce et l'événement dramatique est ainsi garanti. Cela est apparemment logique, donc apparemment exact. Cela dépend des moyens mis en œuvre dans une représentation. Des moyens narratifs ne produiront jamais le résultat recherché, quelle que soit leur fidélité au texte dramatique. Considérons les spectacles des auteurs classiques qui se jouent en déclamant, ou ceux qui s'en tiennent aveuglément aux costumes et aux décors historiquement convaincants. Ces spectacles n'ont aucun aspect dramatique, ils ne font qu'*illustrer* le texte dramatique. Employer le terme « représentation dramatique » permet tout juste de les distinguer des représentations non dramatiques.

Ensuite, étant donné que la même action dramatique vaut aussi bien pour le texte que pour la représentation, la notion d'événement dramatique recevrait son sens final, opérationnel, à la place de son sens initial. Nous avons vu que l'action dramatique est une idée exprimée de manière générative, commune à la lecture et à la mise en scène de la pièce. Elle est toujours la même. Étant donné que la mise en scène d'une pièce est un des innombrables aspects possibles de l'action dramatique du texte, la notion d'événement dramatique s'appliquant également à la représentation ne renverrait pas à ce sens différentiel : l'action dramatique est bel et bien fondée sur un certain événement dont l'aspect scénique est toujours différent.

C'est pour cela que nous prenons parti en faveur de l'utilisation de la notion d'*événement scénique*. Elle sous entend en elle-même : l'interprétation scénique de l'aspect dramatique de l'événement de l'action dramatique. Regardons de plus près la nature de la notion même « d'événement ».

Tout d'abord un aperçu constitutif de Roland Barthes : « ...il se passe un fait (pragma), un hasard (tyché), une issue (telos), une surprise (apodeston) et une action (drama)»[24]. Le metteur en scène changerait tout simplement l'ordre donné par Barthes : il advient un fait, un hasard, une surprise et une issue. Tout cela englobe une action.

Dans la vie de tous les jours, les événements sont des faits inattendus (accidents, catastrophes...) ou au moins des surprises. Ils peuvent être également attendus mais on ne peut pas compter sur leur déroulement avec certitude (loterie, paris...). Cette notion s'applique également de façon différente à une image habituelle qu'on a de quelque chose/quelqu'un pour accentuer une importance (événement théâtral, un certain paresseux s'est mis à travailler...). En tout cas, il s'agit d'une surprise attendue ou inattendue. Qu'il provoque de la tristesse ou de la joie, l'événement change le destin pour les uns tandis qu'il laisse les autres poursuivre leur vie.

---

[24] R. BARTHES, *L'Obvie et l'obtus*, Paris, Editions du Seuil, 1982, p. 163.

L'événement dans un drame possède un autre sens. Il faut tout d'abord distinguer les événements qui arrivent aux personnages des événements qui sont produits ensemble par tous les personnages. Nous apprenons ce qui est arrivé à Œdipe avant qu'il n'ait enquêté sur l'événement, Œdipe étant le produit de l'enquête elle-même. Le metteur en scène doit par conséquent faire de l'enquête même un événement scénique. Nous apprenons la manière dont a été tué le père de la bouche d'un personnage. Le metteur en scène crée l'événement scénique en démasquant l'assassin du père. Le metteur en scène crée l'événement à partir du *Cid* de Corneille en assurant que l'amour résiste à sa propre destruction. Dans *Les Trois Sœurs*, le metteur en scène crée l'événement de la prise de conscience par les sœurs de l'image inexacte qu'elles avaient d'elles-mêmes. Dans *En attendant Godot* nous assistons à l'assujettissement réussi ou non réussi, ce qui dépend de l'aspect choisi.

Dans la vie de tous les jours, un événement est un bouleversement inattendu tandis que dans son acception dramatique, l'événement est le fruit des actions et des choix des personnages eux-mêmes. Ils sont les causes de leur destin. Nous assistons du début à la fin de la représentation à un événement qui nous apprend quelles étaient les causes qui ont permis à cet événement d'avoir lieu et de se résoudre.

Le metteur en scène dispose pour la création d'un événement scénique de : *a*) les intentions des personnages, *b*) les obstacles à ces intentions qui provoquent le conflit, *c*) les situations inattendues comme conséquences de ces conflits, et *d*) la résolution existentielle de ces conflits. Le fait qu'un événement scénique se termine par une résolution surprenante donne à l'ensemble de l'événement le sens de la découverte. En cela l'événement dépasse les significations des destins individuels des personnages - qu'est-ce qui est arrivé à qui ? - et dans son ensemble se soumet à l'interprétation – qu'est-ce qui s'est produit en général ? Nous savons qu'à la fin Œdipe se crève les yeux, qu'Hamlet périt, que dans *Le Cid* l'amour survit dans un happy-end, que les trois sœurs restent dans leur trou perdu, que Vladimir et Estragon se tiennent debout. Ce que nous ne savons pas et qui nous surprendra c'est l'aspect de la mise en scène de ces autopunitions, morts, bonheurs, résignations face aux destin et attentes.

La notion d'événement scénique permet donc au metteur en scène de penser succinctement, immédiatement. Ce dernier découvre à l'aide de l'action scénique les intentions des personnages, les pousse directement vers le conflit et, avec cela, il réalise les surprises qui maintiennent le caractère dramatique de l'événement. Son imagination ne perd pas de temps, elle se concentre sur le principe paradoxal suivant : trouver les actions scéniques les plus simples possibles pour exprimer les significations les plus complexes[25].

Premières impressions et premiers jugements de valeur

Muni des notions qui font de la mise en scène une profession autonome, le metteur en scène peut entamer le processus de travail sur une pièce. Qu'il le veuille ou non, tout commence par les premières impressions et premières réflexions produites pendant et après la lecture de la pièce. Stanislavski indiquait à ses acteurs l'importance des ces premières impressions soutenant que c'est là que se cache l'idée du personnage. Mais en tant que metteur en scène, il lui est arrivé de se tromper lui-même dans l'appréciation (ses premières impressions sur *La Mouette* de Tchekhov ont été imprécises). Il faut, par conséquent, en suivant Stanislavski, considérer les impressions comme pouvant servir ou non d'indication.

L'expérience nous apprend qu'il faut prendre note des premières impressions en même temps que des premières réflexions. A savoir que tout univers du senti s'appuie sur deux sentiments principaux : l'antipathie et la sympathie. Ainsi, dès la première lecture d'une pièce apparaissent des sentiments de sympathie pour une chose ou d'antipathie pour une autre. Même dans une pièce la plus parfaite possible nous trouverons toujours

---

[25] G.A. TOVSTONOGOV, paraphrasait souvent Stanislavski de la période des « actions physiques » sur le laconisme des moyens du metteur en scène : le minimum de moyens – le maximum d'expressivité. Voir *Le Zerkalo sceni* chapitre *Rabota s aktërom*, Leningrad, édité par Iskusstvo, 1980.

quelque chose qui nous déplaît. Les premières impressions sont le plus souvent liées à l'atmosphère : gaie, tragique, tendue, triste, noble, banale... Ces impressions sont habituellement suscitées par la vivacité des personnages en situation et s'expriment du point de vue linguistique par des adverbes.

Pourtant, au cours de la lecture, les impressions se confondent avec les réflexions. Ces dernières relèvent déjà d'une sorte de jugement de valeur rudimentaire. L'idée que la construction de l'action dramatique dans *Le Cid* soit menée de manière dramatique mais, qu'après le happy-end, elle semble être en quelque sorte forcée, nous traverse l'esprit. De même, le dénouement par le duel dans *Hamlet* se produit trop rapidement, tout comme font défaut les riches répliques auxquelles Shakespeare nous a habitués tout au long de la pièce. Aussi, conformément au goût de notre époque, la scène du suicide de Jocaste et celle où Œdipe se crève lui-même les yeux ne nous satisfait pas si elle n'est traduite que par la description qu'en donne le Valet.

L'importance de la prise en compte des premières impressions et des premiers jugements de valeur établit par conséquent le constat de notre rapport intime avec l'œuvre. La valeur communément accordée à l'œuvre ne correspond pas nécessairement à notre jugement personnel. Les premières impressions et réflexions nous aident ainsi à ne pas dialoguer immédiatement avec l'œuvre mais à mener préalablement un dialogue avec nous-mêmes, à reconsidérer ce qui résonne en elle et de quelle manière. Quelqu'un trouvera vulgaire la scène des allusions sexuelles lors de la première rencontre d'Ophélie et de Hamlet, ou la scène de la rencontre avec le Fossoyeur, quelqu'un d'autre y trouvera la clé pour le sentiment qui devrait dominer toute la pièce. Quelqu'un éprouvera d'un premier abord dans *les Trois sœurs* le sentiment du caractère tragique à travers le rêve moscovite de Macha, Irina et Olga, tandis qu'un autre l'éprouvera à travers le personnage de Koulyguine, qui aime sans être aimé et se prétend honnête.

En tout cas, les premières impressions et premiers jugements de valeur n'obligent à rien mais aident le metteur en scène à reconnaître ce qui l'intéresse dans une pièce. La conséquence de ce type de constat peut être utile pour un aperçu futur de l'œuvre parce que le metteur en scène distinguera clairement ce qui n'a pas laissé sur lui une impression profonde et ce qu'il ne sent pas encore comme valeur. Autrement dit, il s'y attardera de manière plus précise et cherchera sa propre réponse aux problèmes qui l'attendent.

Il faut peut-être ajouter ici que : les premières impressions et les premiers jugements de valeur sont rarement en accord avec ce que nous pouvons apprendre des autres. Quelque chose qui, d'après le jugement commun, a moins de valeur et d'importance peut facilement nous plaire. Mais le metteur en scène *suit son propre système de valeurs, sans quoi il n'aurait rien à dire.* Insuffler la vie scénique à une pièce signifie la transmission au spectateur de ce qui, dans la pièce, a le plus intéressé le metteur en scène (ce qui a le plus de force et de valeur même s'il s'agit de quelque chose de tout à fait secondaire) et non ce que nous pouvons lire et voir chez les autres. Le metteur en scène est le médiateur esthétique de son intimité et non le messager des jugements accessibles aux autres. Et afin de réussir la transmission de son intimité à ses collaborateurs - raison pour laquelle on apprend la mise en scène - il passe à l'étape suivante : la formulation du thème de l'événement scénique.

Thème de l'événement scénique

Les premières impressions et les premiers jugements de valeur sont spontanés et dus au hasard. Ils répondent aux questions du metteur en scène concernant ce qui l'a touché, ce qui lui plaît ou ne lui plaît pas, ce qui lui semble avoir ou non de la valeur. Le passage à l'étape du choix du thème représente le premier pas vers la formulation de l'aspect dramatique du futur événement scénique. Ainsi, le metteur en scène se demande lors du choix du thème : qu'est-ce qui m'intéresse personnellement dans la pièce ? Étant donné qu'ont déjà émergé certains sentiments et premiers jugements de valeur, la réponse ne devrait pas lui poser de problème. Seules sont en question la précision des indications et la rigueur avec laquelle il formule ce qui l'intéresse.

Autrefois, les écrivains suggéraient le thème par le titre de la pièce. Sophocle a intitulé sa pièce *Œdipe roi*, ce qui signifiait : celui qui n'arrive pas au pouvoir par l'héritage mais par la force. Corneille a intitulé sa pièce *Le Cid* et suggéré ainsi le thème de la bravoure. Mais *Hamlet* est uniquement la « tragédie » du roi danois. *Les Trois Sœurs* ou *En attendant Godot* ne suggèrent aucun thème. Rare est le cas de Molière qui donne au *Tartuffe* le sous-titre de *l'imposteur*. Le metteur en scène ne se base pas sur le thème qui est éventuellement proposé par l'auteur. Il s'intéresse à son propre thème. Celui-ci doit exister dans l'action dramatique mais n'est pas nécessairement principal*. Dans *Les Trois Sœurs* de Tchekhov quelqu'un s'intéressera au destin des sœurs, un autre au sort de leur salon, alors qu'un troisième s'intéressera au sort des officiers pour qui même les sœurs « ennuyeuses » représentent une distraction. Nous avons constaté que l'avantage de l'action dramatique réside en ce qu'elle est simple du point de vue de l'action et complexe du point de vue des aspects, donc des thèmes. L'expérience personnelle du metteur en scène est ici d'une importance décisive. Le metteur en scène qui, de par son expérience personnelle, est traumatisé par les femmes s'intéressera dans *Hamlet* à la mère ou à Ophélie. Son thème sera *la femme en tant que trahison*. Un autre, affecté par une vile expérience avec le pouvoir s'intéressera au coté *sanguinaire du pouvoir*. Un troisième, mécontent de la bureaucratie s'intéressera à la *ruine de l'état*. Un metteur en scène, dans *Œdipe roi*, se préoccupera d'avantage du sort du peuple que du sort d'Œdipe lui-même. Son thème sera la *progression de la peste...* Un autre sera médusé par *l'aveuglement du roi*. L'un sera sensible, dans le *Cid*, à la *cruauté de l'honneur chevaleresque*. Un autre à *la condamnation de l'amour...* Dans *Les Trois Sœurs* un metteur en scène verra *des bavardes tragiques*. Un second *la perte des illusions*. Un troisième *des rêves sans fondements...* Dans *En attendant Godot*, un metteur en scène verra *la duperie des marginaux*. Un second *l'autosatisfaction*. Un troisième *des sado-masochistes...*

---

* Il n'est pas rare que les notions de thème et de motif deviennent synonymes.

La précision du choix du thème du futur événement scénique est importante : il est le noyau du futur aspect dramatique et il déterminera si les étapes suivantes de la préparation de la représentation sont exécutées de façon conséquente. Dans le cas contraire, le danger existe que le metteur en scène soit incompréhensible, tout d'abord pour lui-même, et ensuite pour ses collaborateurs.*

Idée principale

Les premières impressions et les premiers jugements de valeur nous montrent ce qui, dans l'œuvre, agit sur le metteur en scène et de quelle manière. Le thème de l'événement l'aide à définir ce qui l'intéresse dans une œuvre. L'idée principale de l'événement scénique sert à préciser le noyau génératif, celui qui imprégnera la future représentation du début à la fin. Mais l'importance de l'idée principale ne tient pas seulement dans le fait de préciser de manière concise la vision que le metteur en scène a de la représentation. Elle lui permet également de communiquer avec ses collaborateurs. Ces derniers doivent la reconnaître en tant que telle afin que leur imagination puisse être orientée dans la même direction. L'idée principale est donc très opérationnelle.

On exige par conséquent de l'idée principale un caractère expressément *concret*. Lors de sa formulation il faut éviter tout recours abusif au « sommaire », c'est à dire à l'ambivalence ou à l'abstraction. Il ne suffit pas de se rappeler tout à coup une conséquence et d'échanger avec elle sa formulation. Dire d'*Œdipe roi*, « tel est pris qui croyait prendre » est exact mais abstrait. D'une telle idée ne ressort pas l'angle sous lequel le metteur en scène voit la représentation, ce qu'il veut isoler dans le matériel

---

* Nous ne pouvons éviter de nous référer à la réflexion de A. Efros à propos de l'impression, du thème et de l'idée principale : « Parfois, le metteur en scène voit dans une pièce quelque chose qui n'y est pas. Parfois il ne voit pas ce qui s'y trouve. S'il ajoute à l'œuvre quelque chose qui pourrait lui appartenir – cela est bienvenu. Mais s'il omet de s'apercevoir du moindre détail qui existe dans l'œuvre – que tout aille au diable ! » (Entretien avec l'auteur que nous l'avons réalisé à Moscou, 1980.).

dramatique en tant que dramatique pour l'événement. Les idées principales abstraites – celles que nous pouvons aussi appliquer facilement d'une autre manière – ne sollicitent pas l'imagination. C'est ainsi que l'idée principale doit aussi être – *active*.

Pour d'*Œdipe roi*, le metteur en scène peut choisir comme idée principale la progression de la peste. En effet, *plus Œdipe se rapproche de la vérité plus la peste progresse*. Derrière une telle idée nous pouvons déjà pressentir l'atmosphère devant le palais où meurent les pestiférés, où passent les morts sur des brancards, où on applique la chaux…* À partir du thème de *l'aveuglement du roi* l'idée peut être : *La sagesse d'Œdipe est ruinée par son caractère arrogant*. Ici, nous pouvons imaginer la peur des sujets que suscitent ces algarades. Le metteur en scène qui, dans *Hamlet*, s'intéresse au thème du caractère *sanguinaire du pouvoir* pourrait prendre pour idée : *la vengeance à tout prix – la défense du trône à tout prix*. C'est avec cette idée que nous apparaissent aussitôt la joie d'Hamlet dans sa vengeance et celle du roi à le faire échouer dans cette entreprise. Du thème de la *ruine de l'état* s'ensuit : *le trône ensanglanté couvre de sang aussi bien les obéissants que ceux qui n'obéissent pas*. Dans ce cas, nous apparaît déjà la peur qui règne dans le pays. Du thème *femme en tant que trahison* s'ensuit : *bouleversé par l'infidélité de sa mère Hamlet renonce à l'amour*. Ici, il est facile d'imaginer Hamlet versant la coupe de vin sur la robe blanche d'Ophélie lors de leur deuxième rencontre, titubant par-dessus le corps inerte du roi dans la dernière scène, laissant tomber sa tête sur le ventre de sa mère empoisonnée. Le metteur en scène qui s'intéresse dans *le Cid* à la *cruauté de l'honneur chevaleresque* choisit : *l'homme qui suit contre sa volonté les normes sociales rigides est condamné à une torture personnelle (martyre, supplice) allant jusqu'à la limite du suicide*. Il n'est pas difficile alors d'imaginer Don Rodrigue se retrouvant au plus près de la folie au moment même de sa plus haute gloire. Si

---

* La peste était une punition dont chaque grec avait une vive expérience. Il suffisait de la mentionner pour que le public soit saisi d'effroi. Si le metteur en scène d'aujourd'hui omet de jouer à partir d'elle, de ce danger ne restera dans le drame qu'une construction littéraire. Seul l'horrible danger de la mort peut mobiliser de manière crédible la tragédie.

le metteur en scène a pour thème *la punition de l'amour* l'idée suivante est possible : *plus on empêche l'amour, plus les amoureux sont prêts à accepter l'impossible même*. Ce thème-ci, met aussitôt en évidence le comportement de Chimène comme celui de Rodrigue - l'irrationalité de leur passion - qui se comprend de mieux en mieux. Le metteur en scène qui, dans *Les Trois Sœurs*, opte pour le thème des *bavardes tragiques*, formule : *les gens qui se sentent mal à l'aise lorsqu'ils se taisent, existent uniquement s'ils parlent*. Chacun donc guette l'occasion de parler, personne n'écoute personne. Du thème de *la perte des illusions* : il leur manque la force nécessaire pour le bonheur. *Les rêves sans fondements : du constat des changements dans un changement sans rêves*. Le metteur en scène pour qui *En attendant Godot* est *la duperie des marginaux : tout ce que l'un fait, l'autre s'en sert pour montrer qu'il sait le faire encore mieux*. Du thème de *l'autosatisfaction : l'investissement de l'imaginaire afin d'éviter tout lien avec le réel*.

Le caractère concret et actif de l'idée principale de l'événement scénique aide de manière évidente le metteur en scène et ses collaborateurs à préciser l'angle sous lequel sera actualisé l'aspect dramatique sur scène. Il faut ajouter à cela que l'idée principale sert également dans les moments où, pendant les répétitions, l'imagination se « désengage » et les solutions ne viennent pas. Le metteur en scène se retourne alors à nouveau vers elle afin que sa présence se confirme dans chaque scène.

Dans le répertoire classique domine également le point de vue selon lequel l'idée principale doit être contemporaine[26]. Ce problème se posait déjà à l'aube de la mise en scène lorsque les metteurs en scène s'attaquaient à Molière ou Shakespeare. Aujourd'hui, cette conviction perd de son importance. Il est sous-entendu que le metteur en scène partage à sa manière le sort de la société et choisit la pièce suivant ce qui le touche aujourd'hui, comme étant important pour cette même société. Cela n'exclut pas la possibilité que le metteur en scène qui imite la mise en scène fasse appel à des solutions tout droit sorties des « musées » et que

---

[26] H. KLAJN, ***Osnovni problemi rezije***, chapitre *Osnovna ideja*, Beograd, 1951.

la pièce apparaisse, au spectateur contemporain, comme une « littérature vidée de son sens ».

Existe également la conviction que l'idée principale de l'événement scénique doit correspondre à l'idée principale de l'auteur. Stanislavski notamment entendait la mise en scène comme interprétation de l'univers spirituel de l'écrivain. Ainsi a-t-on pensé que l'idée principale de la pièce et l'idée principale de la représentation ne sont ni tout à fait semblables ni tout à fait différentes[27]. Poursuivre ce débat apparaît aujourd'hui superflu et de plus stérile. Le metteur en scène interprète exclusivement, nous l'avons dit, l'aspect dramatique de la pièce. Il n'interprète pas la vision du monde de l'auteur mais le caractère dramatique de son action dramatique. Chercher l'idée principale de la pièce est un travail sur les possibles.

Style et genre de l'événement scénique

En formulant l'idée principale de l'événement scénique, le metteur en scène s'est engagé à être le générateur du spectacle. À présent, il doit trouver une forme scénique à cette idée principale. *Le style* et *le genre* l'aident dans cette entreprise. Pour le metteur en scène, ceux-ci sont indispensables pour au moins trois raisons : 1) pour que, en dialoguant avec ses collaborateurs autour de l'événement scénique, tous engagent leur imaginaire dans la même direction, 2) pour signer un « accord » avec le spectateur sur les conditions du jeu, ce à quoi lui sert le *style*, 3) pour montrer la spécificité de sa version de l'aspect dramatique de la pièce, ce à quoi lui sert le *genre*.

Le Style pour le metteur en scène est représenté par les conditions par lesquelles il exprime le *genre* de son *aspect dramatique*. L'authenticité de la personnalité artistique du metteur en scène se distingue précisément par l'interpénétration mutuelle de ces trois catégories. Nous disons interpénétration étant donné que le style, le genre et l'aspect dramatique doivent résulter de manière unique de l'idée de l'événement scénique.

---

[27] ibidem

Le metteur en scène exprime le style *en tant que, à la manière de...* Il définit le style d'après une époque, un auteur ou un phénomène dans la vie. C'est ainsi qu'il est possible de jouer *le Cid* à la manière baroque, élisabéthaine ou dans le style de la tragédie antique. On peut jouer *En attendant Godot* dans le style de Charles Chaplin, de Buster Keaton, de Marcel Marceau. Le style ne doit pas nécessairement être connu et accepté de tous. Le metteur en scène peut choisir, pour *Les Trois Sœurs*, un style à la « manière des protégées d'un lycée des filles du 19ème siècle» ou à la « manière du théâtre ouvrier berlinois des années 20 » ou encore à la « manière des salons». *Œdipe roi* peut être joué également dans le style « de la troupe anglaise universitaire du 18ème siècle », mais aussi comme « représentation dans la cour pour une simple garnison ». *Hamlet* peut être joué dans le style « fête de bistrot » tout comme dans celui du « laboratoire du théâtre ». Le metteur en scène peut également inventer un style, s'il ne trouve pas dans le registre de ceux existants celui qui lui convient.

Sans un style choisi le metteur en scène a du mal à s'orienter dans le genre. De plus existe le danger qu'il fasse une démonstration impersonnelle des solutions dramatiques (au sens grave et pénible) et non des solutions dramatiques (au sens théâtral). Le déclenchement des effets du suspense scénique - comme dans les films policiers hollywoodiens ou dans le théâtre français de boulevard, où les effets sont toujours semblables - ne garantit pas la signification existentielle de l'aspect scénique. Le suspense scénique aide à tenir l'attention du spectateur « sous contrôle », mais il n'est pas suffisant en soi pour produire le suspense dramatique de l'événement scénique.

Le style détermine la manière dont on joue la pièce et définit les circonstances de la représentation. *Le genre* détermine la manière dont le metteur en scène interprète l'aspect dramatique de ces circonstances. Le genre est par conséquent la façon dont le metteur en scène articule le style. Ou, exprimé de manière figurative, *le genre est le caractère du style*. Le style concerne le contrat avec le spectateur, alors que le genre concerne l'aspect dramatique de la pièce, la vision personnelle du metteur en scène.

Aujourd'hui, il est clair que le metteur en scène peut tout apprendre à l'exception du genre. Les styles se trouvent à sa disposition, ils viennent de l'histoire, de la théorie, de la pratique des autres... Le genre, lui, vient du metteur en scène, ce dernier étant à la disposition des genres. De par sa nature, le genre est une catégorie de recherche. Pour *En attendant Godot,* on peut facilement se décider pour un style de commedia dell'arte. Mais il n'est pas facile de trouver une solution générique qui correspondrait à ce style. Cette dernière sera une triste bouffonnerie, une farce absurde, une comédie moralisante, une tragédie gaie, etc., cela dépendra de la vision que le metteur en scène aura de l'aspect dramatique. C'est pour cette raison que la question du genre dans le théâtre contemporain et surtout dans le théâtre moderne[*] est une des catégories fondamentales de la créativité.

Depuis l'apparition de la mise en scène, les déterminations génériques appliquées à la littérature dramatique ne suffisent plus : tragédie, comédie, drame, farce, miracles, moralité... Les déterminations génériques dans la littérature dramatique, du point de vue du metteur en scène, représentent plus un *genre théâtral* que la *nature de la pièce,* plus le domaine auquel appartient la pièce que sa nature à l'intérieur du genre. C'est la raison pour laquelle l'apparition de nouveaux genres dramatiques s'est enrichie d'autres déterminations : drame bourgeois, comédie psychologique, mélodrame... etc. La mise en scène étant apparue en prenant la littérature dramatique comme objet de son activité (le changement qui s'est opéré de *différentes pièces-la même mise en scène* vers *la même pièce-différentes mises en scène),* elle devait trouver une solution générique différente pour chaque événement dramatique pris à part. C'est ainsi que la notion de genre a dépassé le problème même et s'est révélée être une des notions-clé pour l'activité du metteur en scène. C'est elle qui nous permet de distinguer un

---

[*] Nous distinguons le *contemporain* du *moderne* à la manière dont cela a été résumé par la poétesse russe M. Cvetajeva dans une de ses lettres d'exil écrites dans les années 1920 : tout ce qui est contemporain n'est pas nécessairement moderne mais tout ce qui est moderne est en soi contemporain.

metteur en scène véritablement moderne d'un autre simplement contemporain.

En fonction de ce qui vient d'être dit, il est clair que le metteur en scène cherche pour chaque pièce particulière un genre qui lui serait propre. *Hamlet* est incontestablement une tragédie. De par son style celle-ci peut être de cour, psychologique, lyrique, poétique, épique, sanglante, de rue ou de salon, etc. Pour un metteur en scène d'aujourd'hui elle peut être aussi cyniquement sanglante, mélancoliquement de salon, mélancolique de manière absurde, poétiquement cruelle... L'écrivain place donc la pièce dans le domaine des genres dramatiques tandis que le metteur en scène cherche pour chacune la spécificité du genre. Nous ne confondons pas par conséquent, ce qui arrive souvent, le choix stylistique effectué par le metteur en scène avec le genre.

Dans l'approche du genre, deux tendances principales se distinguent. La première aborde le genre à partir des premières impressions et des jugements de valeur, ainsi que du thème et de l'idée principale de l'événement scénique de la pièce, tandis que la seconde recherche le genre en interrogeant le contenu de la pièce de manière à ce que le genre en résulte comme conséquence. Les tenants du premier groupe que nous pouvons appeler les « intimistes », s'efforcent de développer la façon intime dont ils perçoivent le genre de la pièce et de l'appliquer au style. Ceux du second groupe, que nous pouvons appeler les « objectivistes », cherchent à ce que le genre leur apparaisse à partir de l'analyse des actions dans le matériau même de la pièce.

Pour les « intimistes » il est important de transmettre l'impression personnelle d'une scène, d'un personnage, voire d'un phénomène secondaire à l'ensemble de la pièce. Ainsi dans *Hamlet*, un metteur en scène trouvera dans l'humour noir du Fossoyeur un point de départ pour le genre qu'il veut adopter et l'appliquera sur l'ensemble de l'événement scénique. Un autre tâchera, pour *Les Trois Sœurs*, de trouver et d'appliquer un genre basé sur le personnage de Kouliguine, un malheureux privé de sens critique, se mentant obstinément à lui-même, voulant faire croire qu'il aime et pardonnant grâce à sa bonté d'âme. Les « intimistes » s'occupent de l'induction de leurs impressions les plus intimes.

L'exemple le plus typique des « objectivistes » est donné par l'école russe fondée dans l'esprit de K. Stanislavski. G. A. Tovstonogov écrit : « Qu'est-ce qui distingue une pièce d'une pièce, un genre d'un genre ? Réponse : les circonstances proposées qui sont différentes chez Gorki et Tchekhov, Ostrovski et Pouchkine, Shakespeare et Molière, Pogodin et Arbuzov. Comment définir la nature générique de l'œuvre ? Je pense que la nature du sentiment indispensable pour une pièce donnée, se compose de la manière - du choix de circonstances proposées »[28]. Pour Tovstonogov, la manière est le genre correspondant à « la découverte de la mesure du conditionnement, de la nature des sentiments qui est propre à un auteur donné et à son œuvre »[29]. Les « Objectivistes » cherchent à trouver dans la pièce ce que l'auteur pensait ou sentait lors de l'écriture de cette dernière.

Quelle que soit la tendance à laquelle il aura adhéré, le metteur en scène ne peut éviter le choix du *style* pour trouver à partir de ce dernier un *genre* spécifique pour chaque *événement scénique*.

Dramaturgie de la pièce

Le metteur en scène ne s'occupe pas de la dramaturgie. Pour lui, elle est toujours concrète et comme l'indique le sous-titre elle est, et elle a, le caractère causal du génitif : dramaturgie (de qui / de quoi) d'une pièce particulière.

Le moyen qui permet d'identifier un modèle de dramaturgie investi dans chaque pièce est simple. Il s'agit de percevoir ce qui se produit en dehors de l'événement scénique tout en influençant ce dernier. Nous connaissons trois principaux modèles, les autres ne constituant que des variantes plus ou moins imbriquées de ces derniers.

---

[28] G.A. TOVSTONOGOV, *Zerkalo sceni*, chapitre *O zanre*, Leningrad, Editions Iskusstvo, 1980.
[29] ibidem

    1. L'événement scénique se déroule comme conséquence finale de quelque chose qui s'est produit auparavant.
    2. L'événement scénique commence comme conséquence de quelque chose qui s'est produit auparavant et devient la cause de nouvelles conséquences (effets, résultantes, incidences, conséquences) auxquelles nous assistons jusqu'à la dernière.
    3. L'événement scénique commence devant nous avec une cause qui mènera jusqu'aux conséquences.

    Œdipe roi fournit le meilleur exemple du premier modèle. Nous assistons au dévoilement des causes de la tragédie d'Œdipe. Le spectateur ne connaît pas les événements qui précèdent la tragédie. Le metteur en scène oriente par conséquent les actions scéniques en fonction de son aspect dramatique vers le plus d'obstacles possible au dénouement final. Le metteur en scène fait tout pour que le spectateur donne peu de crédit à la possibilité annoncée de la culpabilité d'Œdipe.
    Hamlet est représentatif du second modèle. Ici, l'événement qui a précédé devient la cause de nouveaux événements et de nouvelles conséquences. Nous apprenons ce qui s'est produit auparavant puis, dans la scène de la souricière, Hamlet cherche des preuves d'où résultent de nouveaux dévoilements entraînant de nouvelles mises en causes. Cela oblige le metteur en scène à établir un doute sur les scènes avec le Spectre : peut-être que le Spectre ment. De même, la scène de la souricière est menée jusqu'au dernier moment comme si le dessein d'Hamlet devait ne pas se réaliser. La vérité obtenue, le résultat de la scène de la souricière, est motrice d'un nouveau dévoilement : l'éloignement d'Hamlet en Angleterre. Il est extrêmement important pour un metteur en scène de reconnaître, dans le deuxième modèle, le sens dans lequel il aimerait orienter ses actions scéniques : à quel moment se dépêche-t-il de dévoiler au spectateur la conséquence de quelque chose qui s'est produit auparavant et à quel moment ralentit-il la cause qui sera le mobile de nouvelles conséquences. Nous avons vu que dans *Œdipe roi*, tout est construit autour de l'ajournement de la conséquence finale.

Dans *Hamlet,* est également à l'œuvre l'accomplissement, la remise à plus tard de la trahison des attentes successives du personnage.

En attendant Godot peut nous servir comme exemple du troisième modèle. Rien ne s'est produit auparavant, le metteur en scène élabore aussi bien la cause que les conséquences. Afin d'établir le lien entre ce qui se passe et ce que l'on cache derrière cet événement, il est indispensable d'orienter l'imagination vers des actions scéniques qui suggèrent que dès le début, on remet à plus tard quelque chose et donc qu'on le dissimule au spectateur.

Le premier modèle suggère au metteur en scène de dissimuler les causes. Le second modèle suggère de dévoiler tout d'abord les causes, puis de différer le plus longtemps possible la conséquence définitive. Le troisième modèle suggère d'insister sur la multiplication des causes le plus longtemps possible, jusqu'à la fin de l'événement scénique.

Sans la connaissance de la dramaturgie de la pièce, le metteur en scène n'est pas en mesure d'articuler de manière précise l'aspect dramatique en lien avec les actions scéniques dont il se servira. La dramaturgie de l'action dramatique perçue avec précision influe y compris sur le tempo-rythme de l'événement scénique. Nous soulignons ici encore que certains appellent la dramaturgie de la pièce «la mise en sujet » ou « la mise en fable » de l'action dramatique. La façon dont l'action dramatique est conçue est d'une importance capitale pour le caractère dramatique du futur événement scénique. Bien entendu, ce n'est qu'après avoir défini, de manière posée, sa propre idée principale.

Dans une pièce, l'événement se produit lorsque l'écrivain voile et dévoile quelque chose. Le rapport entre ce qu'il nous voile et ce qu'il nous dévoile constitue la dramaturgie de la pièce. L'ordre dans lequel nous apprenons les choses est décisif pour l'action dramatique. Cela signifie que rien ne se déroulera suivant nos désirs, exprimés dans la salle, mais suivant l'influence des conséquences possibles d'une scène à l'autre. L'écrivain se sert des *dévoilements*, des *attentes trompées*, des *remises à plus tard* comme base pour la combinaison de tous les types d'action dramatique. C'est ainsi que même une attente accomplie devient une surprise. Pour que notre attente soit trompée, il doit annoncer quelque chose qui la trompera ou la mettra de côté pendant quelque temps. En chemin, vers la fin de la pièce, il mène ainsi les nouvelles attentes et les nouvelles surprises, les nouvelles remises à plus tard, jusqu'à la conséquence définitive. Tout cela est valable pour la dramaturgie des pièces avec ou sans intrigue. Grâce à ces trois modèles, le spectateur est toujours dans une situation où il désire intensément que quelque chose ne se produise pas car il sait que cela peut se produire ; à l'inverse que quelque chose se produise et éprouve de la crainte que cela ne se produise pas ; ou que, à partir de ce qui s'est produit, les conséquences et les préjudices ne soient pas importants.

Horatio, après la scène avec le Spectre, annonce à Marcellus et à Bernardo qu'il sait où ils trouveront Hamlet ; eux lui annonceront l'étrange nouvelle sur le spectre. Nous assistons ensuite à la scène du conseil politique de l'État danois. Notre attente d'une rencontre entre Horatio et Hamlet est remise à plus tard. Lorsque finalement Horatio, Marcellus et Bernardo apparaissent et annoncent l'importante nouvelle, Hamlet annonce la relève des gardes de nuit. Nous assistons alors à la séparation de Laërte et d'Ophélie. Ce n'est qu'après qu'intervient la scène d'Hamlet au poste de garde et sa rencontre avec le Spectre. Dans la première scène de la remise à plus tard des intentions d'Horatio, on annonce l'obéissance d'Hamlet au nouveau roi. Avec l'apparition d'Horatio, cette obéissance sera trompée. La seconde scène de l'intention remise, annoncée avec Hamlet, nous informe sur la disposition d'Ophélie de ne pas voir Hamlet, disposition qui sera à son tour trompée, etc.

Pour un metteur en scène, il est important de souligner les annonces dans les scènes afin de pouvoir les détourner et, en les remettant à plus tard, de créer d'autres intentions.

Le contrat avec le spectateur

Nous avons emprunté la notion de « contrat » à J.L. Styan[30]. A. Tovstonogov parle du fait que le metteur en scène, au tout début de l'événement scénique, « pose les moyens et les conditions avec lesquels la scène sera jouée »[31].

Chaque représentation sans exception impose certaines conditions sous lesquelles le spectateur acceptera les règles du jeu. Déjà, les premières actions devraient l'indiquer. Le spectateur accepte la table et la chaise pour la chambre entière, le passage au rez-de-chaussée pour la rue, la branche pour la forêt, la coulisse scénique pour la porte, les rideaux ondulants pour la mer agitée... Ceci uniquement à condition que la représentation soit jouée dans le même style et le même genre de manière conséquente du début jusqu'à la fin. Il accepte toute sorte de contrats à condition que les règles du style et du genre soient maintenues de manière cohérente. Dans le cas contraire, le contrat est rompu. Chaque inconséquence stylistique ou générique le déroute car il sent que l'illusion qu'il a acceptée se dissout. C'est exclusivement grâce à l'unité stylistique et générique que l'on peut se mouvoir, à l'intérieur des mêmes règles.

La représentation peut commencer de façon sérieuse et tourner au rire mais uniquement à condition que le caractère sérieux et le rire soient soumis aux mêmes conditions stylistiques et génériques. Si la pièce de Molière *Les Fourberies de Scapin* commence comme une grotesque bouffonnerie, tourne en farce lyrique et se termine en comédie édifiante, le spectateur n'adhérera pas. Le contrat est rompu. *En attendant Godot* peut être un burlesque lyrique ou une comédie larmoyante. Cela signifie que tout ce qui est drôle, tragique, sérieux ou triste dans une pièce doit être joué uniquement dans le même style et le même genre. Le spectateur n'est pas en mesure de traverser un événement scénique du début à la fin portant plusieurs styles et genres (sauf lorsqu'il est

---

[30] J.L. STYAN, Styan, **Drama, Stage and Audience**, Communication in Drama, London, CUP 1975.
[31] G.A. TOVSTONOGOV, **Zerkalo sceni**, chapitre Zametki o priode kontakta, éd. Iskusstvo, Leningrad 1980.

question de représentations dans la représentation, autrement dit, des citations des autres styles et genres comme peut-être l'est la scène avec les acteurs dans *Hamlet*).

Le metteur en scène américain Stanley Donen a étudié le problème du style et du genre en tant que contrat avec le spectateur dans un domaine truffé de pièges : « Pour réaliser une comédie musicale, il faut, le plus tôt possible, présenter ses arguments, c'est-à-dire montrer le style, le genre du film aux spectateurs, de façon à ce qu'ils n'attendent pas longtemps avant de voir un numéro musical. L'inverse serait surprenant. Il faut donc tout d'abord indiquer quel est le propos du film »[32]. Dès la première action de l'événement scénique, il est indispensable de créer chez le spectateur le sentiment du genre et du style de jeu pour s'y tenir jusqu'au bout afin que l'aspect dramatique en soit déduit comme vision unique de la pièce.

Il devient clair, après ce qui vient d'être dit, que le style et le genre dépassent les débats stériles autour de ce qu'est la vérité scénique, de ce qui est vraisemblable. Chaque contrat, établi sur la base du style et du genre appliqué conséquemment, représente la vérité scénique. Voici de nouveau le paradoxe à l'œuvre : sur scène, la vérité est question de contrat et de son application conséquente (la vérité est question d'accord).

Il existe des scènes qui sont invraisemblables pour l'esprit mais qu'un jeu conséquent rend vraisemblables. Qu'un homme soit un être à quatre pattes semble invraisemblable mais l'événement scénique, par lequel on confirmera, est possible grâce au style et au genre. De même, des scènes qui sont vraisemblables pour l'esprit, jouées de façon non conséquente, deviennent invraisemblables.

---

[32] S. DONEN, interview avec J. Lipton, *Inside the Actors Studio*, In the moment productions LTD, 1998.

LE CONFLIT

La scène

Dans la vie quotidienne, les intérêts des individus et/ou des groupes entrent en conflit ce qui provoque polémiques, disputes, tricheries, bagarres, combats... Un individu et/ou le groupe veut aboutir à quelque chose, mais l'intérêt d'un second, ou un quelconque autre quelconque, lui barre le chemin contraignant le premier à rechercher la manière de le dépasser. Plusieurs moyens lui sont disponibles qui vont de l'emploi de la force jusqu'à la ruse. En fonction de la puissance des moyens, le but sera atteint de manière partielle, complète ou sera entièrement manqué. Dans la mesure où les moyens utilisés seraient égaux en puissance, le compromis deviendrait envisageable (les parties en conflit renoncent à une partie, calculant que ce type de gain est bien plus intéressant qu'une perte sèche).

Dans l'art dramatique, l'écrivain érige des obstacles aux intentions des personnages afin de produire des tournures imprévisibles mettant ainsi en danger les buts eux-mêmes. L'écrivain se concentre sur les obstacles de façon à ce qu'ils provoquent des conséquences inattendues. Celles-ci provoquent à la suite d'autres obstacles inattendus qui provoquent à leur tour de nouvelles conséquences toujours aussi inattendues, jusqu'à l'inattendue issue finale. L'écrivain dramatique provoque un enchaînement de scènes contenant chacune une certaine intention et l'obstacle qui s'y oppose. Par conséquent, *la scène est l'unité minimale du conflit.*

Nous avons dit que les intentions butent sur des obstacles, provocant de nouvelles conséquences et donc de nouveaux obstacles. Ici, il n'est pas question, comme dans la vie réelle, d'obstacles attendus, mais d'obstacles auxquels on ne s'attend pas. Dans la vie, les conflits se déroulent suivant les règles de l'histoire ou de la narration. Il est arrivé ceci, ensuite cela, et puis... La fin reste, dans certains cas, incertaine. Dans le drame, les intentions, les obstacles et les conséquences créent une incertitude totale. E. M. Foster propose un exemple incontournable. À propos de l'histoire il dit : « Le roi est mort puis la reine ». À propos du drame il dit : « La mort du roi provoque celle de la reine »[33]. Dans le drame, rien ne se produit en tant que suite logique de la scène précédente, mais est déclenché dans cette dernière par une possibilité contraire. L'écrivain dramatique se concentre sur les obstacles qu'il peut opposer aux intentions de ses personnages et c'est en cela que le conflit sert à provoquer des tournures inattendues tout au long de la pièce.

Dans le conflit, il est généralement facile de dire des absurdités et de perdre du temps. Chaque conflit confronte les *intérêts* de participants qui ont un *but* défini ; ces derniers rencontrent des *obstacles,* ce qui les oblige à employer certains *moyens*. Les auteurs soviétiques utilisaient volontairement la terminologie militaire : « Chaque scène du drame est un duel... La coïncidence du terme de la science militaire - stratégie et tactique - est particulièrement intéressante. Dans les drames, il n'existe pas la moindre petite scène qui ne pourrait être identifiée par la terminologie militaire »[34].

Toutes les théories de la littérature dramatique se limitent aux catégories suivantes :

témoins
porteurs d'action + porteurs de contre-action.
juges

Les personnages se regroupent autour de ces quatre catégories.

Les metteurs en scène de l'école de Stanislavski ont tendance à trop hiérarchiser le conflit dans une pièce. D'après eux, il existe des conflits appelés conflits « intérieurs » et « extérieurs », ainsi que des conflits principaux et secondaires. Étant donné que l'on identifie le conflit prétendument « extérieur au niveau de toute la pièce - habituellement entre le personnage principal et son opposant - on élabore les conflits prétendument « intérieurs » par

---

[33] E. M. FOSTER, *Aspects of the Novel*, London, 1927.
[34] V.M. VOLKENSTEIN, *Dramaturgija*, Beograd, Umetnicka akademija, 1966, p. 15.

épisodes. Le conflit intérieur est celui qui se produit dans l'esprit des principaux héros[35].

Envisager dans le conflit une hiérarchisation qui se fait suivant le principe de la pyramide peut aider à concevoir structurellement la pièce mais cela n'est pas indispensable pour le metteur en scène dans la construction du conflit lui-même. Le conflit est déjà proposé par la pièce.

Ainsi, l'idée de Stanislavski sur ce qu'il appelle « la ligne du conflit » n'a pas d'importance pratique[36]. Nous pouvons imaginer, à l'aide des lignes qui s'éloignent, se rapprochent, s'entrecroisent, qu'un personnage, de scène en scène, s'éloigne ou s'approche de son but mais cela n'apporte rien au sens dramatique de la scène.

L'opinion sur la nécessité de définir l'objet du conflit est également ancrée. Elle vient d'une habitude d'assimiler le conflit dramatique au conflit existentiel. Comme nous l'avons montré, de même qu'il existe une tendance à recourir à la terminologie militaire, celle de recourir à la terminologie juridique est également présente. Il y a des parties en conflit qui sont en litige à cause d'un problème quelconque, autrement dit d'un objet de litige. Étant donné que le conflit dramatique sous-entend des manifestations qui se font au niveau de l'unité principale du conflit, l'objet du conflit se voit alors écarté comme une valeur de la mise en scène. À l'époque de la dramaturgie de l'intrigue, il semblait que tous les personnages s'illustraient en se disputant autour du même objet. Avec l'apparition de l'expressionnisme, du symbolisme et du réalisme, l'objet du conflit a été remis au second plan, raison pour laquelle il n'est pas nécessaire de le définir dans chaque pièce.

---

[35] « Le conflit intérieur chez les hommes n'est que l'expression des conflits extérieurs », écrivait un des héritiers des idées de Stanislavski, H. KLAJN, dans *Osnovni problemi rezije*, chapitre *Sukob*, Beograd Izdavac, 1951. Nous avons trouvé l'explication la plus représentative de ces hiérarchisations chez G. FREITAG, *Tehnika drame*, dans *Teorija drame XVIII i XIX veka*, adapté par Vladimir Stamenkovic, et A.S. BREDLEY, *Sustastvo Sekspirove tragedije*,u Teorija tragedije, priredio Zoran Stojanovic, Nolit, Beograd, 1984, p. 565.
[36] K.STANISLAVSKI, La formation de l'acteur, chapitre *Le super-objectif*, Paris, Pygmalion, 1986.

Ce qui s'impose au metteur en scène comme étant le plus urgent pour les besoins du conflit, est bien de diviser la pièce en scènes. Elles ne doivent pas nécessairement correspondre à celles qui témoignent du choix de l'écrivain. Compte tenu que la scène est l'unité minimale du conflit, elle contient en elle les mêmes éléments que le conflit dans l'intégralité de l'événement scénique. Nous disposons donc des *intentions* et des *obstacles* à ces intentions.

Pour le metteur en scène, nous l'avons vu, le duel, la dispute ou la polémique ne représentent pas un conflit. Ils ne sont que de simples actions physiques. Afin qu'un duel devienne une action scénique, il ne suffit pas que Tybalt et Mercutio, dans *Roméo et Juliette*, ou Don Juan et les frères de Done Elvire dans *Dom Juan*, s'affrontent en duel. Il ne suffit pas non plus de connaître les intérêts des personnages qui s'opposent les uns aux autres. Même dans ce cas, les actions demeureraient uniquement physiques.

L'intention est un enchaînement d'actions scéniques convergeant vers un but défini. L'obstacle, dans son acception scénique n'a rien à voir - comme nous venons de le dire - avec le fait que quelqu'un se heurte contre une chaise, tombe, puis se relève. Chaque obstacle ouvre en lui la possibilité d'une issue différente au conflit. Son effet se transmet dans les scènes suivantes. Du point de vue dramatique, l'obstacle ne se résout pas sur le champ ; il se résout plus tard et la façon dont il sera résolu n'a rien de sûr. Si un obstacle ne laisse pas, à la fin d'une scène, la possibilité - en tant que conséquence - d'une issue différente et surtout incertaine pour la scène suivante, il ne s'agit même pas alors de l'obstacle.

Les intentions des personnages, tout comme les obstacles, sont le plus souvent imposées par le texte. Si cela n'est pas le cas, le metteur en scène doit les inventer. Il appartient au metteur en scène de choisir, pour sa mise en scène de *En attendant Godot*, quelles seront les intentions et quels seront les obstacles. Une question se pose à lui : que veulent faire les personnages et qu'est-ce qui les en empêche ? Pourtant, dans la dramaturgie moderne, les personnages ne font pas très souvent ce qu'il souhaiteraient. De plus, comme pour les personnages de Tchekhov, nous avons l'impression que les personnages ne font rien, qu'ils n'existent qu'à peine*. Afin de donner une forme à la scène, le metteur en scène doit se tourner vers des obstacles qui déjouent ou qui pourraient faire échouer les intentions des personnages. Il doit se tourner vers des obstacles qui ne sont pas imposés par la pièce elle-même mais qui donnent à cette dernière un caractère dramatique.

Prenons comme exemple la scène de *Hamlet* où Horatio et Marcellus prêtent le serment par lequel ils s'engagent à garder le silence. D'après Shakespeare, Hamlet, poussé par la révélation du Spectre, se décide à venger son père, mais cela doit se faire dans le secret absolu. Pour cette raison, il exige qu'Horatio et Marcellus prêtent serment afin de les engager à garder le secret. Les intentions des personnages sont claires. Il ne manque qu'un obstacle. Si nous savons que, à quelques mètres d'eux, Claudius festoie, on peut alors contrarier leurs intentions en le faisant sortir brusquement prendre l'air pour dessoûler. C'est ainsi que le serment lui-même est mis en danger. Si l'idée nous vient que Horatio et Marcellus ont prêté serment par fidélité envers leur ami mais aussi sous l'emprise de la peur, la possibilité de leur trahison à travers les événements qui suivent est maintenue (ce qui ne peut être que naturel dans un État familier des complots et des trahisons). C'est ainsi que la loyauté, confirmée à la fin de l'événement scénique, gagne sa signification dramatique. Si nous laissons cette scène sans obstacle, c'est à dire sans danger, sans risque de déjouer les intentions d'Hamlet, elle ne pourra servir qu'à une pure illustration du texte.

La même preuve peut nous être également fournie par le monologue de Don Rodrigue à la fin du premier acte du *Cid*. Ce dernier essaie de s'expliquer le piège dans lequel il est tombé. Il conclut que la dette envers son père est plus importante que ses sentiments amoureux et décide de se venger. Pourtant, si le metteur

---

* On parle d'habitude, dans le langage courant des metteurs en scène, des personnages qui « nagent », donc savent ce qu'ils font et vers quel but ils se dirigent, et des personnages qui « flottent », qui se laissent porter par les événements. On dit des premiers qu'ils dirigent leur « vie » et des seconds que la « vie » les dirige.

en scène laisse sa décision se prononcer telle qu'elle a été écrite, nous aurons de nouveau à faire à une simple illustration. Un obstacle qui pourrait déjouer sa décision est ici nécessaire. Peut-être l'apparition d'un signe lui rappelant Chimène (ou l'apparition de Chimène elle-même) qui surviendrait après sa décision pourrait-t-il le faire fléchir. Ainsi les scènes suivantes gagnent en incertitude et en tension dramatique. Pour le metteur en scène, une scène est une adaptation de l'objectif du personnage aux changements provoqués par les obstacles, de sorte que l'adaptation elle-même acquiert le rôle d'un nouvel obstacle.

Le caractère paradoxal de la scène réside dans le fait que les obstacles, franchis ou non, servent à générer de nouveaux obstacles, et donc de l'incertitude. Don Diègue demande à son fils Rodrigue d'assurer sa vengeance[37]. Si le père n'émet à aucun moment le moindre doute sur le fait que son fils ira le venger, si Don Rodrigue ne laisse pas la possibilité d'une issue différente pour sa décision[38], la scène reste privée d'obstacle.

Sans la mise en danger des intentions, il n'y a pas d'aspect dramatique de l'événement scénique.

Le personnage

Nous entendons par personnage toute entité scénique active dotée d'un *statut*, d'un *rôle* et de *propriétés particulières* dans un événement dramatique. Tout ce qui apparaît dans le champ du jeu et qui s'articule, moyennant une scène, à travers ses trois aspects est potentiellement un personnage. De là, le travail du metteur en scène consiste à associer dans une pièce d'autres personnages aux personnages déjà existants : le personnage scénographique, le personnage-costume, le personnage-son et le personnage-lumière.

Le statut des personnages humains correspond à l'appartenance sociale. Lorsqu'il est question d'objets personnifiés, du son ou de la lumière le statut peut appartenir à n'importe quelle catégorie de phénomènes : juridiques (état, ville...),

---

[37] P. CORNEILLE, *Le Cid*, Acte I, Scène 5.
[38] ibidem, Scène 6

psychologiques (traumatisme, phobie...), théologiques (croyance, pêché...)... etc. Être roi, fille, chien vieillissant ou palais qui étouffe est au regard du metteur en scène de la même valeur puisque chacun de ces personnages se met en relation avec les autres et *sumatraïse* de cette façon l'aspect dramatique de l'événement. Le statut du personnage n'est pas proposé dans le texte (bien qu'à première vue on ait l'impression du contraire) et exige un travail de la mise en scène à part entière. Le trône qui tombe en ruine au prix du sang comme le trône danois dans Hamlet est déjà, de par son statut, un trône ; Le metteur en scène n'a, à première vue, rien à y ajouter. Sur scène, la couronne n'est pas ce qui fait le roi mais c'est l'acteur qui, par son action scénique, fait la couronne.

Le rôle du personnage sous-entend une certaine *fonction*. Le caractère paradoxal de la fonction tient dans le fait que le metteur en scène, afin de la réaliser, se tourne vers *l'objectif* du personnage au lieu de faire appel directement à elle. Le metteur en scène donne à chaque personnage un *objectif* pour que celui-ci puisse agir. Les obstacles qui s'y opposent rendent possible la tension dramatique et donnent un nouveau sens à son action. Le personnage en se fixant un but paie le prix de son choix. Le rôle ne permet pas d'avoir deux buts ; le spectateur se perdrait en suivant l'événement scénique. Cela ne veut pas dire pour autant que le personnage ne tende tout au long du chemin, vers un but *central* - en fonction des renversements provoqués par les obstacles - vers toute une série de buts *scéniques*. Hamlet veut divertir le roi et la reine et pour « cette raison » il engage une troupe d'acteurs afin que celle-ci joue Le Meurtre de Gonzague. Il est important que le metteur en scène délimite clairement le but *central* afin que les buts *scéniques secondaires* soient acceptés par le spectateur comme des buts *adaptatifs*. Lorsque le but central du personnage n'est pas clair, c'est-à-dire quand on ne sait pas ce qu'on veut atteindre en se comportant de telle ou telle manière - comme cela est le cas dans les pièces de Tchekhov et de Beckett - le metteur en scène joue alors précisément sur le paradoxe : il présente chaque but scénique en tant que but central... Dans le cas d'une dramaturgie de l'intrigue, le but du personnage révèle l'intention centrale tandis que les buts scéniques secondaires se présentent comme une adaptation aux obstacles. L'aspect dramatique, dans ce type de spectacles, se construit entre le but annoncé et la possibilité de non réussite dans sa réalisation. Dans le cas de la dramaturgie d'une pièce « non-aristotélicienne », la dissimulation de l'intention centrale du personnage sert à dévoiler le vrai but de ce dernier. L'aspect dramatique se construit à partir de l'incertitude du but lui-même tandis que les personnages agissent avec force. La différence entre les deux genres de dramaturgie réside dans le but lui-même : le premier s'interroge pour savoir *si le but sera accompli* tandis que le second se pose la question de ce qu'est *le but tout court*.

Les propriétés particulières du personnage s'expriment à travers *le caractère* auquel nous consacrons un chapitre à part.

L'impulsion du personnage.

Depuis Stanislavski s'est perpétuée dans le jargon théâtral la notion de *motivation*. Qu'est-ce qui peut motiver un personnage à faire quelque chose, quelle est donc sa motivation ? Si on répond à cette question - ce qui d'ailleurs devrait être le cas - la nécessité pour l'acteur de définir l'objectif du personnage se voit ainsi satisfaite.

Malheureusement, la notion de motivation vient de la psychologie et ne renvoie le plus souvent qu'à elle. Un homme peut, par exemple, n'agir que sur impulsion de ses complexes. Mais cela peut-il également être valable pour un personnage ? Quelqu'un est jaloux, narcissique, épris de gloire... Un psychologue pourra facilement déterminer quels types de traumatismes font naître chez un homme cette jalousie, ce narcissisme, cet amour de gloire. Si nous déclarons à un acteur que son personnage a été au cours de son enfance privé de quelque chose, nous ne découvrirons cependant rien qui fasse agir ce personnage. Aussi est-il trop abstrait, lors de la construction d'un personnage, de se servir de données scientifiquement exactes. Qui plus est, s'ajoute le débat qui tient à préciser à quel point cette motivation est profondément enfouie, et comment faire pour la découvrir, la porter sur scène ce qui n'est en aucun cas le travail du metteur en scène et de l'acteur.

Sur scène, les notes de bas de pages n'existent pas, le spectateur ne pouvant pas s'arrêter à l'instar d'un lecteur pour s'y référer et compléter ainsi ce qui ne lui paraît pas suffisamment clair dans le texte. Le spectateur doit pouvoir tout comprendre au moment même où il assiste à la pièce. Le seul « non savoir » admis a trait au développement de la dramaturgie de la pièce. Dans *Œdipe roi,* la dramaturgie de la pièce nous dévoilera le meurtrier. Le personnage ne nous confiera pas à la fin les complexes qui l'ont inconsciemment conduit au crime. Le but de *Hamlet* n'est pas de découvrir ce qui l'a poussé au comportement auquel nous assistons dans la représentation. Le but n'est pas de constater psychologiquement pourquoi Don Rodrigue est plutôt obéissant et n'a rien d'un révolté.

L'*impulsion du personnage* est une notion plus proche de l'acteur et du metteur en scène. Elle est concrète comme toute action scénique. Elle part de l'idée que chaque personnage est en situation de vouloir et, pour cela même, de ne pas vouloir quelque chose. Quelque chose de concret l'attire, quelque chose de concret le repousse. Parfois, l'attirance est plus forte que le rejet, parfois c'est le contraire. Œdipe est repoussé par la forte présence de la peste, par l'odeur insupportable des cadavres et de la chaux. Une même force le pousse irrésistiblement à mener l'enquête, à résoudre des énigmes compliquées, le précipitant vers le cauchemar de sa fin. Expliqué de cette manière, l'impulsion du personnage devient scéniquement active étant donné que le personnage se voit également motivé en grande partie par les circonstances dans lesquelles il se trouve. La vérité scientifique ne mobilise pas sur scène l'imagination de l'acteur ; bien au contraire, elle entraîne à l'imitation de « cas cliniques » connus dans la vie.

Le travail du metteur en scène consiste à concevoir les circonstances concrètes qui pourraient repousser ou attirer un personnage. Hamlet répugne à tout ce qui est charnel chez le couple royal, leur façon de se donner un baiser, de s'embrasser, de boire et de festoyer. Il abhorre leur amour plein de sève pour la vie et leur hédonisme. Il est attiré par l'idée de leur rendre la vie amère, d'interrompre leur plaisir, de les humilier à eux-mêmes et publiquement. Ce qui lui répugne en eux se transforme en objet de destruction. Pour ce qui est d'Hamlet, ce qui le rebute et ce qui l'attire se manifeste avec la même vigueur.

Dans *Le Cid*, Rodrigue éprouve de l'aversion envers l'obéissance à la tradition et est attiré par l'amour qu'il éprouve pour Chimène. Le caractère tragique de la situation tient au fait que Rodrigue se met à défendre ce qui lui déplaît. Pourtant, pour un metteur en scène, et afin qu'il puisse avec l'acteur donner une impulsion au personnage, ceci n'est que le caractère tragique évident que l'on retrouve dans l'événement scénique pour toute forme de mise en scène. Dans le cas de Rodrigue son aversion peut concerner tout ce qui enfreint les règles chevaleresques et paternelles, toute sorte d'hésitation, d'indécision où il s'enfonce de plus en plus profondément. Il est attiré par une situation claire et juste dans tout ce qu'il fait et dans ses rapports avec les autres. Mais se manifeste chez lui une forte répulsion pour toute forme d'hésitation et une forte attirance envers une situation bien définie qui relève aussi de son rapport clair avec Chimène.

Vladimir abhorre le silence qui entraîne chez lui un sentiment de malaise. Il est attiré par la conversation, ce qui lui procure de la satisfaction. Estragon, lui, rejette la solitude. Il est attiré par la compagnie de Vladimir afin de combler cette solitude. La répulsion est faible et l'attirance puissante dans le cas de Vladimir tandis que, pour Estragon, la répulsion et l'attirance sont aussi fortes l'une que l'autre.

Macha fuit l'ennui que lui inspire son mari et est attirée par tous les hommes malheureux. Irina a l'impression de ne pas être remarquée, impression qu'elle rejette en s'enfuyant dans le travail. Olga éprouve du dégoût face à la perspective de rester sans mari et sans ses sœurs. Elle est attirée par l'idée de tout tenir discrètement sous son contrôle. Ici, une répulsion forte et une attirance faible sont à l'œuvre.

Il est possible d'avancer que l'aversion pousse (plus ou moins) le personnage vers une attirance (plus ou moins forte). Pourtant, qu'il soit question de faibles attirances ou de faibles aversions, l'activité du personnage est forte et fait partie des objectifs les plus difficiles du jeu d'acteur. Comment, par exemple, jouer l'ennui où, à première vue, rien n'attire, ni rien ne répugne ?

Les *impulsions* du personnage sont indispensables au metteur en scène afin qu'il puisse dépasser l'aversion et l'attirance proposées dans une action dramatique. Il est contraint d'imaginer les circonstances de chaque personnage à part, et pas uniquement ses circonstances scéniques qui sont valables pour tous les personnages participant au jeu de la scène. Identifier les *impulsions* fait ressortir le matériau concret et actif de l'apparition du personnage, facilitant le travail sur son *objectif* et son *caractère*.

Grâce aux *impulsions* du personnage le metteur en scène se voit obligé d'être concret. Il influence ainsi l'activité scénique (de la création) du personnage. L'idée de Stanislavski de créer la biographie du personnage, lors de la création du rôle, s'avère ici superflue. Le personnage est motivé uniquement par ce que le spectateur voit comme impulsion pour qu'il comprenne son objectif.

La fonction et l'objectif du personnage

Le metteur en scène explique l'objectif du personnage en indiquant ce que le personnage veut atteindre. Mais il ne peut pas donner à l'acteur l'indication suivante : « Tu veux que tu ne veuilles pas. » Lorsque quelqu'un veut une chose tandis que les autres ne la veulent pas il s'agit de l'action scénique du vouloir et du refus. Si le personnage refuse quelque chose, c'est parce que, par cet acte, il *veut* obtenir autre chose. Il est possible également que les deux personnages rejettent et renient quelque chose mais, même dans ce cas précis, il ne s'agit que d'actions scéniques du rejet et du reniement... Ces personnages le font toujours parce qu'ils *veulent* parvenir à quelque chose.

Stanislavski a, le premier et de manière systématique, attiré l'attention sur cet aspect. Il a conçu le personnage à travers la *fonction* et l'*objectif*. La fonction du personnage est ce que le personnage doit signifier. L'objectif du personnage est ce qu'il doit faire.

La fonction du personnage. L'idée qu'il existe des personnages « positifs » et « négatifs » est largement admise. Pour cette raison, les acteurs se mettent aussitôt à jouer la fonction du personnage. Combien de fois nous avons vu un acteur jouer le roi Claudius dans *Hamlet* en attirant dès le début de la pièce l'antipathie du spectateur ? Ou agir de même avec le personnage de Don Gomès dans *Le Cid* ? De cette façon, la mère d'Hamlet n'est qu'une simple prostituée et la vengeance du héros devient tellement juste qu'elle cesse d'être dramatique. Claudius sympathique, viril au point de se faire désirer par toutes les femmes n'est-il pas – du point de vue de la mise en scène – un gage plus complexe pour le dessein d'Hamlet ? Avec cela, la vengeance même d'Hamlet gagne en caractère dramatique et en richesse d'actions. Don Gomès qui ne supporte pas la vantardise de don Diègue et qui est prêt à ne pas accepter chaque parole venant du roi pour une parole sensée, ne mérite-t-il pas notre sympathie ?

La fonction du personnage se résume avec *il faut que...* Lire : ce qu'*il faut qu'*un personnage signifie dans l'événement scénique. Il est impossible pour un acteur de le jouer puisque ce que fait le personnage ne constitue pas un jeu de significations mais un jeu d'actions scéniques d'où découlent ces dernières. De là, *il faut que...* est une catégorie qui appartient exclusivement au metteur en scène puisque le personnage n'est pas « conscient » de sa fonction, mais uniquement de son objectif. Si le personnage ne l'est pas, pourquoi alors l'acteur serait-il conscient de ce qui n'est pour lui qu'un excédent.

Jouer les fonctions signifie réduire le caractère dramatique de l'événement à une interprétation en noir et blanc, au moralisme et au jugement des personnages, ce qui n'est pas le travail de la mise en scène[*]. C'est la raison pour laquelle le metteur en scène se prémunit contre le jeu des fonctions – en recourant aux objectifs des personnages.

---

[*] L'idée souvent mentionnée de Stanislavski que, lorsqu'il fait jouer les personnages négatifs il recherche leur coté positif, et vice versa, sous entend que les personnages négatifs et positifs existent. Formulée de manière plus précise, cette dichotomie ne se pose même pas pour le metteur en scène.

L'objectif du personnage. Pour le metteur en scène tous les personnages sont « positifs »; autrement dit, ils ont tous de bonnes raisons pour faire ce qu'il font. Ils sont, d'une certaine manière, *en direction de*. Le metteur en scène s'occupe donc de justifier leurs droits. L'effet dramatique est obtenu par le fait que le metteur en scène se range dans son âme du coté de chaque personnage. Créon comme Antigone ont tous les deux raison. Le caractère tragique de l'événement réside dans le fait que chaque personnage a ses raisons justifiées pour atteindre son but. Le metteur en scène n'est donc pas un juge. C'est pourquoi il dispose des *objectifs*.

Chaque personnage veut parvenir, pour des raisons qui lui sont propres, à quelque chose. C'est pour cela que le metteur en scène résume le jeu de l'objectif en recourant à la formule *je veux que... Je veux* punir Claudius, décide Hamlet. *Je veux* me libérer d'Hamlet, se défend Claudius. Bien évidemment, chaque metteur en scène précise l'objectif en fonction de son idée centrale de l'événement dramatique dans l'œuvre. C'est ainsi que le Hamlet d'un metteur en scène aura pour objectif : je veux faire tomber le pouvoir, ou : je veux me moquer de ma mère... Quel que soit l'objectif qu'il aura choisi, le metteur en scène le résumera avec le plus de précision possible en recourant à la formule *je veux que...*

La formule *Je veux que...* amène plusieurs avantages : *a)* elle conduit immédiatement à l'action, *b)* elle précise le but de l'action, et *c)* elle vit les actions scéniques immédiates avec lesquelles se réalise l'objectif.

a) Un des pièges dans lequel tombe souvent le metteur en scène se produit lorsque ce dernier décrit à l'acteur *l'état* dans lequel se trouve un personnage. L'état est un ennemi de l'action. Jouer des états signifie rechercher les sentiments du personnage et mène vers une inaction. Le personnage peut, suivant la pièce, être transporté de joie ou troublé. Pourtant - et cela nous renvoie à la distinction entre *l'action proposée de la pièce* et *l'action scénique* - quelqu'un qui est transporté de joie ou troublé fait quelque chose qui nous conduit à comprendre qu'il est transporté de joie ou bien troublé. Chercher des sentiments afin qu'ils produisent l'action est une logique à l'envers. L'action trouvée de manière imaginative et juste, est celle qui produira des émotions. Il suffit que je me dise *je veux que...* et mon imagination se met directement au service de la recherche des actions scéniques.

b) Dans une pièce il est possible de trouver pour un personnage un nombre infini de buts. Mais nous ne pouvons pas proposer à un acteur plusieurs buts. Un seul est inéluctable quand deux portent déjà à confusion. Lorsque le but est clairement défini, il est plus facile de trouver, de scène en scène, les actions scéniques avec lesquelles on atteint ce but. Sans un but clairement posé, l'activité du personnage tombe dans le jeu des *états* et *des lieux communs* du personnage (c'est-à-dire des stéréotypes). Lors de la définition des objectifs, le metteur en scène doit avoir à l'esprit que le but se définit par ce qui attire individuellement chaque personnage. Il existe des aversions qui poussent le personnage vers un but choisi. C'est pourquoi il est également utile de vérifier avec précision l'attrait du but en précisant ce qui repousse un personnage. Avec cela, les motifs psychologiques sous forme d'explication sont remplacés par les significations des actions elles-mêmes : *je ne veux pas* cela et, précisément pour cette raison, *je veux que...* Il existe des aversions qui poussent le personnage directement vers un but. Plus ces aversions seront précisées, plus le but gagnera lui aussi en précision. Dans la mesure où elles sont actives, l'attrait du but sera plus fort. Le fait qu'Hamlet, en son for intérieur, soit épris de justice n'est pas suffisant pour motiver son objectif. Il est nécessaire qu'il soit motivé par une répulsion immédiate envers Claudius, envers sa mère, envers la politique... (le choix appartient à chaque metteur en scène, individuellement).

Afin d'éviter les pièges des généralités et, en cela même, de l'ambiguïté des buts, le metteur en scène après le *je veux que...* posera la question suivante : *qu'est-ce que je veux que ?* Derrière ce *qu'est-ce que je veux...?* apparaît aussitôt clairement si le but est précis et s'il motive le personnage, le poussant/attirant vers un but.

c) Étant donné que l'on sait avec précision, ce à quoi un personnage veut parvenir, on cherche pour chaque scène des actions qui mènent vers un but précis. Avec cela nous nous libérons de la charge de devoir nommer le sur-objectif de la représentation, l'objectif principal du personnage puis les objectifs singuliers et ainsi de suite. Il suffit de savoir *ce que* le personnage *veut que*... et les actions scéniques mobilisent déjà l'imagination.

Le personnage doit chercher spécifiquement, pour son objectif, dans les circonstances concrètes de la scène. Les mobiles ne sont ni en dehors ni dans les sous-entendus de la scène. La question de savoir pourquoi Ïago dans *Othello* est-t-il méchant reste sans réponse (tout simplement parce qu'il est ainsi, suggère Shakespeare). Mais le mal qui *veut que* et qu'il réussit à infliger à Othello doit apparaître lisiblement au spectateur. Autrement, ce dernier n'accepte pas le jeu.

Le caractère

La caractéristique principale par laquelle nous reconnaissons quelqu'un en tant que tel est bien son caractère. Les philosophes autant que les psychologues seraient ici d'accord. S'il est vrai que nous reconnaissons quelqu'un également par son apparence c'est parce que précisément cette apparence traduit un certain caractère. Le propre du caractère est, par conséquent, que nous reconnaissons quelqu'un en tant que tel et dans n'importe quelle circonstance. Le caractère est toujours le même et reconnaissable. Nous savons que, dans la même situation, les caractères distincts se comportent différemment. Nous supposons que les mêmes caractères dans la même situation se comporteraient toujours de la même manière. À partir de cette supposition commence la différence entre l'art dramatique et l'approche de la science.

Si, au début d'une représentation, nous connaissions le caractère d'un personnage, nous pourrions facilement supposer à travers les mises en situation différentes, ce que ce personnage pourrait faire. L'image du caractère en tant que donnée durable du personnage n'est pas d'une grande utilité pour l'art dramatique. C'est pour cette raison que le metteur en scène prend des caractères imaginaires comme indicateurs pour la recherche des caractères de ses personnages à lui, et non pour la « parole sacrée » de l'écrivain.

Les auteurs dramatiques depuis l'antiquité essaient de nous indiquer, à travers les noms, les surnoms et les comparaisons imagées le caractère principal du personnage. Il suffit de voir les noms utilisés depuis Aristophane, et surtout chez les Romains. La plupart des prénoms de Plaute et de Térence sont de purs caractères[39]. Cette tradition s'est poursuivie, en passant par le théâtre élisabéthain jusqu'à aujourd'hui. Hippolyte Taine dit au sujet de Ben Jonson que ce dernier « choisit une notion générale : ruse, bêtise, sévérité et construit à partir d'elle l'ensemble du personnage. Ces personnages s'appellent Krites, Deliro, Pecunia, Subtile... Le poète prend un trait de caractère abstrait et, construisant toutes les actions que ce trait peut produire, il les fait défiler sur scène dans un costume au visage humain... »[40]. Les noms sont réellement sans ambiguïté dans la comédie de types de Ben Jonson... : Volpone = le renard, Corbaccio = le corbeau, Sordido = le sourd... Il ne faut pas non plus oublier Shakespeare à qui nous devons Master Slender = le maigrichon, ou Justice Shallow = petite cervelle... Aujourd'hui, il n'est pas rare que certains illustres héros du drame servent également à marquer le caractère. Il n'est pas rare que l'on dise au sujet de certains personnages qu'ils sont Don Juan, Tartuffe, Oblomov, Hlestakov, Don Quichotte, Néron... Dans ce cas, les caractères sont devenus des types.

Les noms portent en eux une information sur les personnages dont peut se servir le metteur en scène pour leurs caractères. Il se peut qu'elle soit utile au lecteur mais pose un vrai problème pour le metteur en scène. Nous pourrions pu indiquer d'autres procédés de suggestion du caractère - didascalies, renseignements que les personnages se communiquent entre eux...- mais nous aboutirions fatalement au même résultat. Il n'existe pas de meilleure solution que de chercher des informations sur les caractères dans les actions même du texte. Un caractère n'a

---

[39] E.G LESSING, **Dramaturgie de Hambourg**, Edition de Suckau, 1873, lettre 90. I 91.
[40] H. TEINE, *Sekspir i njegovi savremenici*, Beograd, Novo pokoljenje, 1953, p. 89.

jamais un sens unique et n'est jamais unidimensionnel. Quelqu'un peut être radin dans certaines situations mais il ne le sera pas nécessairement au sein de sa famille. Quelqu'un peut se montrer bavard dès qu'il apparaît dans une certaine compagnie, mais silencieux à son lieu de travail. Depuis les *Caractères* de Théophraste et de La Bruyère se perpétue l'idée que le caractère se manifeste dans chaque circonstance, 24 heures sur 24. Constater un trait de caractère chez quelqu'un le généralise en toutes circonstances.

Or, l'écrivain dramatique choisit un caractère pour son personnage en veillant à ce que le caractère même devienne une source d'obstacles. Quelqu'un d'entêté dans la vie de tous les jours peut être ennuyeux pour tous, sans pour autant entrer en conflit avec qui que ce soit. Dans le drame, le fait même qu'il soit têtu devient une source de conflit. Il importe de le soumettre à une situation qui garantira le plein essor de son entêtement. Parce qu'il ne choisit que les circonstances dans lesquelles le caractère peut se manifester, l'écrivain en simplifie, pour ainsi dire, son approche. Il élimine, par rapport à la vie de tous les jours, les circonstances dans lesquelles le trait marquant du caractère ne se manifeste pas.

Si, d'une part, l'écrivain simplifie le caractère il obtient nécessairement un conflit. Grâce à ce conflit - en respectant le principe des actions scéniques paradoxales - le metteur en scène, d'autre part perçoit dans son caractère le trait dominant du personnage, mais aussi son trait complémentaire; autrement dit, celui qui « se dissimule » dans une partie du comportement sous forme d'un trait secondaire, cause du conflit. Nous savons que l'événement contient en lui un certain changement, induit par le conflit. À cause de cela, le caractère lui-même doit « supporter » certaines modifications. Le cas le plus parlant dans le drame est celui où derrière un tyran cruel l'on découvre un garçon apeuré, un homme peu sûr de lui derrière un grand amant, un aventurier derrière un homme décidé, une femme orgueilleuse et bornée derrière une reine. Le drame contemporain modifie, du début à la fin, toutes les données, dévoilant graduellement les caractéristiques inconnues d'un caractère. Le rôle du metteur en scène est de *découvrir derrière un trait de caractère initial son véritable caractère*. Réduire un personnage à un trait de caractère unique le prive de la richesse offerte par le conflit. Plusieurs traits de caractère sont toujours à l'œuvre ; reste à choisir lequel sera le trait dominant au début de l'événement scénique et lequel à sa fin. Ceci vaut même pour les farces et les moralités. Œdipe de Sophocle est de par son caractère un roi soucieux mais facilement irritable. Nous voyons cela à travers la manière dont il s'adresse à Tirésias et à son serviteur. À cause de ce trait de caractère même, il a pu tuer son père Laïos. Œdipe est par son trait de caractère dominant quelqu'un de soucieux, et par son trait de caractère secondaire quelqu'un qui s'emporte facilement. C'est son trait de caractère secondaire qui s'emparera de son destin. Don Diègue est un vieil homme orgueilleux mais c'est aussi un vantard. Il ne rate pas une occasion de souligner qu'il a été jadis un vainqueur courageux et majestueux, un sauveur du royaume à plusieurs reprises. Chimène est un être noble mais elle réagit aussi une enfant gâtée ; mécontente, elle interrompt son interlocuteur. En soulignant les traits de caractère secondaires, le metteur en scène renforce, « intensifie » l'aspect dramatique de la pièce. Le martyre de Rodrigue - la défense de l'honneur de son père - devient plus important encore : il s'agit de renier celle qu'on aime à cause d'un père imparfait. Sa bien-aimée Chimène apparaissant entre autre une enfant gâtée, le martyre du héros en devient plus insensé. Parce que lui-même est parfait ? Nullement. Au début de la pièce, il incarne un fils modeste, promis à une belle carrière. C'est ainsi que, malgré lui, il est poussé par la morale et les mœurs dominantes, à mettre à exécution l'exigence de son père (aujourd'hui il serait inconcevable qu'un père, à cause de son honneur, mette en péril la vie de son propre fils). Bien que sa modestie lui apporte la gloire, il devient un désespéré en larmes désirant sa propre mort. Dans *En attendant Godot*, Vladimir peut, de par son trait dominant, apparaître comme quelqu'un d'arrogant. Il se comporte comme quelqu'un qui sait tout. Cette attitude irrite Estragon mais fait tout pour éviter le conflit. À la fin du premier acte, Vladimir, après l'avoir humilié, est à deux doigts de l'abaisser définitivement. Il aime dominer. Pourtant, Estragon se révolte. La résignation se transforme en désir de vengeance (voici un exemple qui s'oppose à la conviction bien ancrée, selon laquelle, dans le texte de Beckett, il existe un sérieux problème de définition du conflit). Dans le deuxième acte par exemple, c'est Estragon qui humilie Vladimir. Si donc nous choisissons un trait de caractère dominant suffisamment actif pour le début de l'événement scénique, il provoquera une forte contre-réaction du deuxième personnage, transformant chez lui le caractère dominant initial en d'autres traits de caractère secondaires ou, si l'on préfère, des traits de caractère refoulés. Au sens dramatique, *En attendant Godot* devient ainsi le drame de la soumission et de la révolte (réussi ou non réussi, ce qui ne dépend que du metteur en scène).

En ce qui concerne le caractère, il est donc important que le trait *dominant*, au début de la représentation cède le pas au trait *secondaire*. Nous pouvons déterminer un caractère par un mot, une idée ou une métaphore, ceci est sans importance. Mais nous devons nous garder du danger de tomber dans des stéréotypes en donnant, à ceux qui participent à l'élaboration de la pièce, des indications précises sur le caractère des personnages-acteurs et des personnages-objets personnifiés. Lorsque nous disons que le roi est orgueilleux, il est facile d'imaginer sa posture droite et ses sourcils cruellement froncés. Lorsque nous disons qu'Andreï Prozorov est un homme pauvre et qu'il se voit lui-même ainsi, nous imaginons facilement son masque de douleur et son allure courbée. Tout ce que nous pouvons imaginer immédiatement, de façon automatique, est mis un danger par les stéréotypes. C'est pour cette raison que le metteur en scène n'expose pas le caractère comme une chose avec laquelle on peut, immédiatement, créer une image dans notre imagination, sous une forme descriptive. Le metteur en scène propose quelques actions scéniques clés pour un caractère au lieu de répondre *comment* est ce dernier. Puis, il induit progressivement ses collaborateurs à découvrir le caractère en question. Pour de telles circonstances, il prépare quelques actions scéniques caractéristiques pour un personnage. Le piège est ainsi évité de construire un personnage de « l'extérieur » ou de « l'intérieur », ou de l'assener d'un jugement. Faut-il commencer par l'apparence physique ou par les émotions ? Dilemme déplacé : ni par l'un ni par l'autre. On commence - et on termine bien évidemment - par l'action scénique.

Exercice 1 : Hamlet
Question de l'acteur : Quel est le caractère d'Hamlet ?
Réponse du metteur en scène : Dans le scène avec le Spectre, il n'a pas peur ; dans la scène avec la troupe d'acteurs, il se délecte de sa ruse.

Exercice 2 : Natasha Prozorov.
Question de l'acteur : Quels sont les traits de caractère de Natasha ?
Réponse du metteur en scène : Elle est *enthousiasmée* par tout ce qui est nouveau, ne serait-ce que les hommes. Elle veut les *posséder*. Cette possessivité la *désoriente*. C'est ainsi qu'elle *s'enthousiasme* - et se *désillusionne* - sans cesse. Elle s'enfuit dans la lecture des romans, ce qui *nourrit* son imagination et ce qui fait aussi qu'elle *perd la force* de changer quoi que ce soit par rapport à elle-même.

L'ACTION SCÉNIQUE

Analyse comparée de la nature de l'action scénique au théâtre, dans le film et à la télévision

Il existe certaines lois qui déterminent notre manière de recevoir les médias. Ces lois peuvent nous aider à comprendre plus aisément les exigences authentiques du média lui-même comme celle dans laquelle il faut orienter le sens de l'imagination du metteur en scène lorsqu'il s'agit de l'action scénique et de l'action dramatique. D'un point de vue physiologique, nous voyons tout, dans la vie réelle - pour employer une expression de cinéaste - en plan d'ensemble alors que notre attention se concentre sur les détails. D'un point de vue perceptif, l'être humain parvient à s'orienter dans un espace tridimensionnel grâce à une synchronisation permanente entre sa vision périphérique (plan d'ensemble) et focale (détail) ; c'est une des conditions de son équilibre physique.

La situation réceptive sous-entend que l'homme se soumette volontairement aux circonstances que le metteur en scène choisit pour lui en jouant sur l'échelle entre le plan d'ensemble et le détail. Le spectateur n'est pas un témoin mais un partenaire puisqu'il accepte volontairement les contraintes scéniques que le metteur en scène choisit pour lui dans une représentation. Le spectateur est orienté, à l'inverse du témoin qui lui s'oriente à l'intérieur de l'événement. Le travail du metteur en scène consiste à orienter l'attention du spectateur à l'intérieur du champ scénique ne lui laissant ni le temps ni la possibilité de s'égarer en dehors du contrat signé avec le jeu. « Stanislavski et Vakhtangov ont beaucoup parlé de la prétendue 'balle d'attention'. Au fond, Stanislavski a formulé l'art de la mise en scène comme capacité de renvoi d'une invisible 'balle d'attention' à des vitesses différentes, dans des temps différents d'un sujet à un autre. L'organisation de ce processus invisible est bel et bien la mise en scène » - écrivait G. Tovstonogov[41].

---

[41] G. A., TOVSTONOGOV, *Krug misleï*, chapitre *Studia misli*, Leningrad, Iskusstvo 1972.

Au théâtre, le spectateur est *statique* et a toujours devant lui le même champ scénique[*]. Cela suppose un jeu à l'intérieur du champ : ce jeu doit être dynamique par rapport à un spectateur statique. Ceci est valable pour les deux types (et tous les sous-genres) de scènes que nous connaissons aujourd'hui : la scène concentrique comme la scène polycentrique (Illustration 1, A et B). L'emplacement du spectateur ne change pas par rapport au jeu dans le champ, c'est le jeu qui est orienté et qui change par rapport à lui. Le spectateur, au théâtre, perçoit l'univers de la scène par rapport à sa taille réelle ; rien n'y est diminué ou agrandi.

Le spectateur au cinéma n'est statique qu'en apparence. Son champ scénique est intégralement occupé par l'écran (Illustration 2 A). Le spectateur, du point de vue réceptif, se déplace avec le plan dès que la caméra bouge. Grâce à la caméra, à sa mobilité, surgissent des possibilités de la dynamique bien plus importantes qu'au théâtre. L'action dans la scène est mobile, le spectateur est *mobile*. Et puisque l'écran cinématographique agrandit tout, l'univers de la scène est agrandi pour le spectateur par rapport à son univers réel. L'action dans le cadre, le déplacement et le changement des angles de la caméra, le changement des plans et la coupure de montage déplacent de manière perceptible le spectateur à travers le champ scénique. Le spectateur, au cinéma, est ainsi dans un mouvement permanent, dynamique à l'intérieur de la scène. De nombreuses études sur la kinesthésie, en tant qu'effet optimal que peut produire sur nous la situation réceptive de la perception cinématographique, en témoignent[42].

---

[*] Les représentations pendant lesquelles le public se déplace sont rares, et cette exception confirme notre constatation.

[42] Le premier à avoir, de manière sporadique, attiré l'attention sur l'idée de kinesthésie fut le metteur en scène américain Slavko Vorkapic. Ses idées, émises sous forme de démonstrations auxquelles nous avons pu assister en 1978, ont été développées par le professeur Vladimir Petric de l'Université d'Harvard à New York.

concentrique

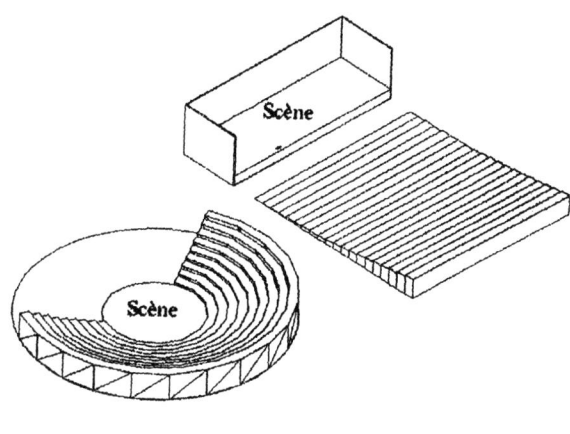

1 A

polycentrique

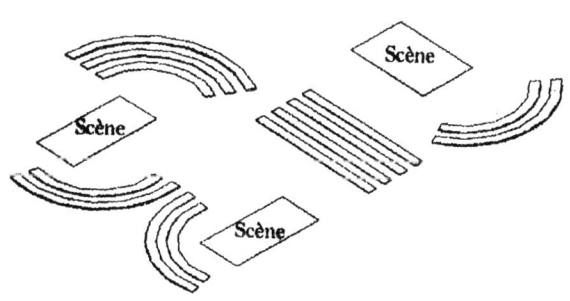

1 B

Cinéma

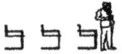

2 A

2 B

Théâtre

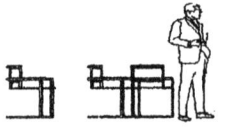

2 C

3 A

3 B

Le téléspectateur a dans son champ visuel la pièce tout entière, l'écran de la télévision ne représentant qu'une partie de cette dernière. C'est la raison pour laquelle l'effet kinesthésique, l'illusion du mouvement, est pour lui considérablement réduit[*]. De plus, l'univers de la scène étant réduit par l'écran de télévision, le spectateur, en comparaison au théâtre et au cinéma, est brimé et ne participe que de l'extérieur à la scène, n'y étant pas investi (Illustration 2 B). C'est ainsi qu'il faut rechercher l'avantage du jeu produit dans le champ scénique télévisuel, avant tout dans la coupure de montage. Le champ scénique est une sphère sur laquelle évolue le spectateur en s'y déplaçant par *bonds* afin de percevoir exhaustivement le jeu de tous côtés et à partir de tous les angles.

Il résulte de ce qui vient d'être dit :

1. Au théâtre le spectateur est *statique* et l'on recherche l'aspect dramatique en orientant les actions scéniques vers le plus de dynamisme possible à l'aide du jeu du champ scénique ;

2. Au cinéma, le spectateur *se déplace* et l'on recherche l'aspect dramatique à l'intérieur du champ scénique, en laissant le spectateur lui-même se déplacer à l'intérieur de ce dernier ;

3. Le téléspectateur évolue par *bonds* et on recherche l'aspect dramatique dans son transfert rapide d'une position à une autre d'où il perçoit l'ensemble du champ scénique.

---

[*] L'effort des nouvelles technologies qui tendent vers des écrans de télévision semblables à ceux du cinéma (format 16/9, ou ce qu'on nomme « home cinéma ») restera un simulacre éternel. Le nombre de nouvelles chaînes de télévision augmente à une telle vitesse qu'en attendant, le fournisseur des programmes le plus présent est la production cinématographique. De là, nous considérons la domination du langage cinématographique à la télévision comme étant une concession aux intérêts commerciaux du marché. La télévision ne peut pas remplacer l'effet kinesthésique de l'écran du cinéma ; ni inversement l'utilisation fréquente de la coupure de montage dans le film tout comme l'approche par bonds de la sphère scénique, fatigue la perception du spectateur.

Sans doute, chacun des médias possède une spécificité qui, à sa manière, implique la nature de l'action scénique. Si cela est, pourquoi, alors, ne pas utiliser ce « message secret » des médias ? Au théâtre, tout est *devant* le spectateur, au cinéma le spectateur est *à l'intérieur* de la scène, à la télévision le spectateur est *autour* de la scène. Il va de soi que les actions scéniques ayant la même signification se jouent différemment.

Afin d'illustrer les conclusions ci-dessus, recourons à une comparaison expérimentale de deux exemples. Nous les choisissons pour leur contraste : le premier - le saut d'un suicidaire du douzième étage - parce qu'il est, du point de vue physique, significativement actif et le second - le moment de la prise de décision par un joueur d'une partie de poker de faire banco (« tapis ») - parce qu'il est physiquement très passif.

Télévision. Nous avons dit que l'écran de télévision n'est qu'une petite partie de la surface dans l'ensemble du champ visuel et que les dimensions y sont réduites. Cela signifie qu'un homme qui tombe d'un immeuble de plusieurs étages représente un objet central dans un cadre ; la composition optimale est bien le centrage du corps par rapport aux bordures de l'écran. Par conséquent, on obtient la tension dramatique produite par la chute elle-même en s'efforçant de maintenir le corps en chute au centre du cadre dans sa vitesse approximative réelle (Illustration 3 A).

Notre joueur de poker qui se décide à faire banco se trouve, de toute évidence, face à un moment difficile. Il sue, a des tics, est plongé dans une réflexion profonde... La caméra suit notre joueur puis, se déplaçant par bonds et utilisant des coupures, les autres joueurs, les cartes qu'ils tiennent en éventail, l'argent tassé sur la table... Le nombre important de coupures, de changements de format du plan, condense l'action scénique, augmente la sensation de nervosité des joueurs et donc l'effet dramatique produit sur les spectateurs.

Cinéma. Le champ visuel du spectateur est entièrement occupé par l'écran. La vitesse réelle de la chute d'un corps n'engendre pas de tension dramatique tout simplement parce que nous apercevons le corps et le contexte dans lequel cette chute se produit. Notre attention n'est donc pas concentrée exclusivement sur le corps lui-même. De même, centrer le corps au milieu du cadre n'est pas le propre de l'écran de cinéma. Il reste beaucoup d'espace autour du corps, ce qui attire l'attention du spectateur (Illustration 3 B). La composition du cadre cinématographique ne s'effectue pas sur le principe « le centre par rapport aux bordures du cadre » mais, comme si les bordures n'existaient même pas, sur le principe de la configuration des éléments à l'intérieur du champ scénique ; aussi le centre idéal n'existe-t-il pas (comme à l'écran de la télévision). C'est la raison pour laquelle, dans un film au cinéma, on obtient la tension dramatique de la chute du corps en faisant « voler » la caméra autour du suicidaire précipité dans sa chute, en recourant aux cadrages subjectifs, aux changements de vitesse... en faisant chuter la caméra avec le corps.

Les instants difficiles vécus par notre joueur de poker qui se décide à faire banco, sont réalisés au cinéma en déplaçant la caméra entre les éléments constitutifs de la scène. C'est précisément en recourant à un minimum de coupures, en profitant du déplacement constant des spectateurs entre les joueurs et les objets que se crée la tension dramatique de la scène où le temps de la décision fatale est « sous-entendu ». Le film transforme ainsi le spectateur en un participant de la partie de cartes.

Théâtre. Il est impossible de réaliser au théâtre la chute du douzième étage. Il faut trouver une action scénique de substitution. Il s'agit d'une action qui n'est donc pas une chute immédiate mais qui la signifie. Voici un paradoxe à l'œuvre.

Si notre partie de cartes était jouée au théâtre uniquement par des joueurs assis autour d'une table reproduisant exclusivement des actions quotidiennes, elle manquerait d'effet dramatique. L'acteur peut vivre profondément et sincèrement sa décision fatale mais cela reste insuffisant et non dramatique, même pour les spectateurs d'un théâtre intime (théâtre de poche). On recherche des actions scéniques paradoxales qui signifient la tension d'une émotion profonde. Car éprouver une émotion profonde n'est pas en soi une action scénique. Au théâtre, une scène ne se fonde pas sur les regards, les cartes, les soupirs, le fait d'avaler sa salive, sur la concentration profonde des personnages, sur le silence... Ce sont des signes relégués au second plan. Elle se fonde sur l'acte de nouer un lacet, celui d'aller chercher un verre d'eau, de tuer une mouche irritante... La totalité des actions paradoxales constitue la tension provoquée par le fait de vivre profondément une décision, celle de faire banco.

Si on compare, du point de vue du dynamisme, la nature des actions scéniques elles-mêmes, on obtient pour les trois médias :

a) Ce qui caractérise le plus la télévision c'est *la coupure de montage utilisée en tant qu'action* avec le déplacement occasionnel de la caméra vers l'action privilégiée. Pour la télévision, vaut le principe suivant : « Dès que le spectateur comprend l'action scénique il faut la couper même si elle n'est pas terminée. » Car la coupure elle-même est une action (le déplacement du spectateur vers un nouvel endroit d'observation sur la sphère de la scène).

b) Ce qui caractérise le plus le film c'est le *mouvement de la caméra utilisé en tant qu'action,* avec une coupure occasionnelle comme action privilégiée. Pour cette raison, le principe qui prévaut ici est le suivant : « Lorsque l'action s'arrête dans une scène, déplacer la caméra (si elle n'est pas déjà en mouvement) » ; et inversement : « Si la caméra s'arrête, faire bouger l'action dans la scène (si cette dernière n'est pas déjà en mouvement) de manière à ce qu'elle fasse déplacer de nouveau la caméra. »

c) Le caractère paradoxal des actions scéniques est le mode essentiel qui permet de rendre dynamique la scène devant un spectateur (même lorsqu'elle est statique en apparence). Ce dont le film et la télévision disposent - le mouvement et la coupure - on les réalise au théâtre à l'aide du changement de toute une série d'actions scéniques paradoxales.

Chaque média fait donc, incontestablement, participer le spectateur au déroulement scénique et conditionne, par cette situation réceptive, la nature des actions scéniques. Le fait que la nature des actions scéniques cinématographiques soit fondée sur la kinesthésie et que celle des actions scéniques télévisuelles se base sur le mouvement, le déplacement par bonds, surprend beaucoup moins que la nature même des actions scéniques théâtrales. On pense notamment qu'il suffit de construire le dynamisme du jeu théâtral sur un fort dynamisme du champ scénique en contraste au spectateur statique. Au théâtre pourtant, le seul dynamisme du champ ne suffit pas pour guider son attention. Nous avons vu que l'action scénique théâtrale exige, de par sa nature, un engagement supplémentaire de l'imagination et du savoir. Le paradoxe nous exige de ne pas chercher sur scène à représenter la souffrance ou la joie, en laissant l'acteur éprouver profondément l'une ou l'autre de ces émotions, mais en permettant au personnage d'exécuter des actions scéniques entières qui *ne ressemblent pas* en elles-mêmes à la souffrance ou à la joie mais qui, dans leur ensemble, les signifient.

Pour illustrer le plus clairement possible ce qui précède, nous allons évoquer dans *Les Trois Sœurs* le rapport que le docteur Tchéboutykine entretient avec l'horloge. À partir de la pièce elle-même, nous n'apprenons sa grande passion pour feu mère Prozorov qu'au moment où ce dernier, dans un moment d'ivresse, casse cette horloge. Les significations ultérieures ne suffisent pas à un metteur en scène. Aussi, les révélations soudaines sont-elles toujours préparées minutieusement. Disons que, chaque fois que Tchéboutykine pénètre dans le salon des sœurs Prozorov, il pose furtivement son regard sur l'horloge sans que personne ne le remarque (à l'exception des spectateurs, bien sûr). À chaque fois, l'horloge lui apparaît davantage floue. Sa vue se dégrade de plus en plus à cause de la vieillesse, peut être à cause de l'alcool ? Lorsqu'il devient aveugle, lorsqu'il n'est plus capable d'y lire l'heure, il la casse.

Dans un film, cette dégradation de la vue, peut être rendue à l'aide de travellings ou de panoramiques se déplaçant d'un cadre objectif vers un cadre subjectif. À la fin de chaque cadrage, l'horloge est cadrée de plus en plus près. À la télévision, on enregistre les cadres subjectifs en effectuant, du premier au dernier, une mise au point de moins en moins précise, sans s'approcher de l'horloge. Au théâtre, nous ne disposons que d'un acteur et d'une horloge. Les cadrages subjectifs n'existent pas, le regard-question et la représentation de l'horloge-réponse ne sont donc pas suffisants. Le metteur en scène demande : « Que fait Tchéboutykine dont la vue est de plus en plus faible ? » En accord avec la nature paradoxale de l'action scénique, ce dernier ne va pas jouer la myopie. La partition des actions scéniques paradoxales est nécessaire. En pénétrant pour la première fois sur scène il laissera paraître sa joie en entendant l'horloge sonner l'heure, la seconde fois il se montrera en colère parce qu'elle sera en retard par rapport à sa montre, la troisième il mettra des lunettes, la quatrième il les cassera, à la cinquième il cassera l'horloge.

Penser l'action scénique au théâtre à l'aide de la méthode paradoxale nous conduit vers une richesse d'actions scéniques inattendues, facilement soumises à la *sumatraïsation*[*].

Actions auto-expressives, suggestives et *étrangification*[**]

D'après ce que nous savons, le premier à avoir attiré l'attention, de manière professionnelle, sur les actions auto-expressives a été V. Poudovkine. Il les a nommées un peu maladroitement « les matériaux plastiques »[43]. Il a pensé à toutes les actions qui engendrent immédiatement des sensations fortes chez le spectateur, indépendamment de leur signification ou de leur contexte.

Mettre le couteau sous la gorge d'un enfant, donner un coup de pied dans le ventre d'une femme enceinte, pousser une vieille femme en bas de l'escalier, écraser un infirme avec une

---

[*] Dans une autre forme, l'analyse comparée a été exposée pour la première fois dans ***Fiziologija medija***, Letopis Matice srpske, Novi Sad, 1984.
[**] En l'absence du mot russe « ocuzenie », « ostranïénïé » nous recourons à ce néologisme où le suffixe – « fication » – donne une signification active au mot *étrange* : « étrangification = rendre étrange ».
[43] V. PUDOVKIN, ***Sobranie socinenii v treh tomah***, tome I, chapitre *Plasticeskij material*, Moskva, Iskusstvo, 1974.

voiture, mettre une vipère dans la poche de quelqu'un... sont des actions qui - quelle que soit leur exécution artistique - engendrent, de manière réflexive, un sentiment de peur chez le spectateur. Le sang qui gicle et éclabousse ou la torture sont des scènes toujours impressionnantes.

En y recourant, le metteur en scène renforce l'effet sur le spectateur. C'est leur mérite. À contrario, elles ne font souvent que combler l'absence d'une authentique pensée dramatique et sont utilisées de manière abusive. Elles laissent l'impression d'une action forte mais ne sont en réalité qu'une « prothèse » pour l'action.

Les actions auto-expressives sont, incontestablement, incontournables dans le travail d'un metteur en scène. Cependant, un problème apparaît lorsque la conception du caractère impressionnant de la scène se construit exclusivement à partir d'elles. Leur attrait est souvent si fort que, déjà dans son imagination, le metteur en scène s'appuie sur elles.

Ici, nous avons à faire au prétendu « effet pornographique » du film. En effet, la spécificité du film pornographique est de représenter le coït le plus exhaustivement possible, en insistant sur le caractère physiologique du sexe. L'acte sexuel est un acte sexuel, c'est la seule signification. Le sens de la pornographie dans cette tautologie s'épuise à l'infini. Pour chaque cadre, on ne fait que reproduire la signification qui apparaît clairement dès le début de la scène. Le but consiste, suivant le principe de la suggestivité (donc de l'orientation de l'attention sur l'acte sexuel uniquement, en écartant toutes les autres significations considérées comme « empêchement »), à provoquer chez le spectateur l'excitation sexuelle. La vraie pornographie diffère des films érotiques en ceci que, pour les premiers, « l'histoire » n'y sert qu'en tant que prétexte à l'acte sexuel, alors que pour les seconds l'acte sexuel sert à exprimer différentes « histoires ». Nous distinguons donc l'utilisation des actions auto-expressives en tant que constructeur de la signification d'une part, de l'utilisation des actions à des « effets pornographiques » d'autre part.

On connaît bien le phénomène qui se produit lorsque un des spectateurs bâille légèrement ou tousse dans une salle se voyant aussitôt imité par plusieurs autres. Mais la suggestivité sur laquelle s'appuie le metteur en scène est différente. Il l'élaborera, par exemple dans une scène où il souhaite provoquer le rire, en faisant éclater de rire un personnage : le spectateur est ainsi préparé à la moindre action amusante (ce n'est pas pour rien que l'on laisse, dans les séries télévisuelles, un arrière-fond sonore où le rire se déclenche à chaque réplique importante). Les larmes sont également suggestives. Elles provoquent la compassion et poussent les spectateurs à pleurer. Le mérite des actions suggestives tient au fait que le metteur en scène peut, grâce à elles, se prémunir à l'avance de l'insuccès de la scène. Leur défaut découle de la même chose. La mise en scène qui recourt abondamment aux actions suggestives ne découvrira jamais la vraie valeur dramatique de la scène, étant donné qu'elle maintient l'attention du spectateur moyennant trucages (devenus entre-temps une technique). Aussi, même les actions suggestives produisent-elles parfois un « effet pornographique ».

Le metteur en scène se doit donc de distinguer les actions auto-expressives, les actions suggestives et... l'*étrangification*. Cette notion qui nous a été léguée par les formalistes russes a pour fonction principale d'intensifier l'expressivité. Œdipe, sous le coup de la colère, perdant l'équilibre et manquant de tomber, est un exemple d'*étrangification*. On entrera dans le domaine des actions auto-expressives si son jeu s'appuie sur un effet de sang, qui gicle de ses yeux qu'il vient de se crever lui-même. Cela produira alors une forte impression, mais ajoutons que les Grecs n'ont jamais vu le sang sur scène. Si Vladimir et Estragon ressemblent à des clowns et se comportent en accord avec leur apparence, il est clair qu'il s'agira, une fois de plus, d'une action auto-expressive. Par contre, si leurs rôles, prévus initialement pour deux hommes âgés, sont assurés par deux jeunes gens, il s'agira alors d'*étrangification*.

L'action auto-expressive et l'action suggestive jouent un rôle dans le travail du metteur en scène uniquement si elles contribuent à l'effet dramatique de la scène, lorsque cet effet a été déjà assuré par d'autres moyens. Dans ce cas, elles n'obligent pas le metteur en scène à s'en servir comme le dernier moyen qui le préserve de « l'effet pornographique ». L'*étrangification* participe au perfectionnement de la signification dramatique et débouche sur la métaphore. Nous savons d'Œdipe qu'il s'est arraché les yeux. Une mise en scène basée sur l'action auto-expressive se satisferait de présenter un crochet et des mains ensanglantées, des plaies béantes dans les orbites. Si le metteur en scène compte sur la méthode paradoxale, qui veut que l'aveugle ne doit pas nécessairement l'être, et recourt à l'*étrangification*, il ne représentera pas, dans ce cas, la moindre goutte de sang. L'acteur jouera Œdipe aveugle comme s'il s'agissait de quelqu'un qui a, en définitive... recouvré la vue (c'est ainsi qu'il se rapproche de Tirésias, qui a reçu la sagesse de « voir » l'invisible aux autres, alors qu'il a été privé de la vue dont jouissent les autres. Nous trouvons ici un exemple représentatif de la *sumatraïsation*.)

Vers une définition de l'action scénique

On sait que la naissance de la mise en scène est précédée du sentiment d'insatisfaction face à l'artificialité des moyens théâtraux. On a cherché une solution qui s'opposerait aux stéréotypes, à la déclamation, à la répétition de la mise en espace, au désaccord entre le costume et le personnage, aux arrières plans scénographiques peints naïvement... La mise en scène est une révolte contre les significations scéniques constantes et immuables dans lesquelles on emboîtait de force chaque texte nouveau. Une question a mûri : si les textes diffèrent, pourquoi alors leurs réalisations ne différèrent-elles pas également ? Ce processus de maturation de l'idée de la nécessité de quelqu'un qui chercherait *les significations scéniques* pour chaque pièce particulière a été mené au nom du besoin de « vérité » de l'acte scénique. Cette « vérité », on ne pourrait la chercher alors que dans la comparaison avec la vie. Il existait donc une tendance consistant à faire ressembler autant que possible le théâtre à la vie. Mais on sait également que l'étendue de la profession du metteur en scène se situe entre deux pôles : de la théâtralité non dissimulée à la théâtralité dissimulée. Elle s'étend entre les moyens scéniques clairement représentés dans le message : *vous êtes au théâtre !* - et les moyens scéniques refoulés avec le message : *soi-disant, vous n'êtes pas au théâtre !* Bien évidemment, chacun de ces pôles a ses représentants «modérés » et ses «extrémistes ». Déjà, parmi les pionniers de la mise en scène, ils se distinguent de manière évidente : le naturaliste André Antoine est radical par rapport au réaliste Constantin Stanislavski. Rudolf Appia est radical en comparaison avec Gordon Craig par exemple. Où réside la différence ?

Nous la retrouvons dans le rapport à l'acteur. Dès la naissance de la mise en scène, s'est posée la question principale : Est-ce que le metteur en scène s'exprime tout d'abord à travers l'acteur ou alors ce dernier ne représente-t-il qu'un des éléments de la mise en scène ? Est-ce que l'acteur est « le tout du tout », comme le prétendait Constantin Stanislavski ou est-il une super-marionnette, tel que l'avançait G. Craig ? Pour cette distinction, il y avait beaucoup de fondements : très souvent les metteurs en scène étaient eux-mêmes des acteurs, ce qui favorisait l'image par le jeu de la « vérité » de la mise en scène. La réaction contre les tenants de la première tendance a mené à porter un regard sur la représentation comme une totalité des moyens scéniques, qui se limitait le plus souvent à la scénographie. Le plus radical, parmi les tenants de la seconde, est de toute évidence Antonin Artaud, beaucoup moins par ses mises en scène traduites en œuvres que par celles imaginées. En tout cas, la tendance à exprimer la mise en scène principalement par l'intermédiaire de l'acteur ou, à l'opposé, par une orchestration équitable de tous les éléments scéniques est à l'origine de nombreux courants dans la mise en scène, voire d'écoles entières.

Pourtant pour l'enseignant et/ou l'élève, il n'est pas question ici d'antinomies mais d'une simple contradiction. Ce qui est posé comme commun et salutaire pour les deux tendances est dispensé par la notion de *l'action scénique*. Elle est incontournable, que l'on cherche à exprimer le plus puissamment l'idée de la mise en scène à travers l'acteur ou à travers tout ce qui est perçu sur scène. L'action scénique dépasse le dilemme imposé par l'expérience : le jeu d'acteur en fonction de la mise en scène ou la mise en scène en fonction du jeu d'acteur. Les deux sont en fonction de l'action scénique.

À première vue, nous savons ce qu'est l'action scénique, comme s'il n'était pas nécessaire de lui donner une définition à part : toutes les actions que les acteurs exécutent sur scène sont bien des actions scéniques. Si cela était vrai, le besoin de l'apparition de la mise en scène ne se serait jamais fait sentir. Car ce n'est qu'avec la mise en scène qu'apparaît le nouveau sens de l'action scénique, comme étant un de ses principaux éléments. Avant cette date, où nous étions habitués à trouver cette notion chez de nombreux auteurs tout au long de l'histoire, les actions qui se produisaient sur scène étaient principalement *des actions physiques*. À partir de cette date, nous distinguons les actions que l'acteur exécute sur scène en respectant le sens du texte et tentant de l'illustrer, des *actions scéniques* qui, ensemble avec le texte, donnent le sens dramatique à la scène et à l'événement scénique.

L'action physique et l'action scénique

Rappelons tout d'abord la différence entre scène *théâtrale* et scène *dramatique* : la scène théâtrale est l'espace dans le cadre duquel on exécute n'importe quel jeu théâtral. La scène dramatique est la plus petite unité du conflit et fait partie du jeu dramatique lui-même. De ceci résulte la distinction de texte *théâtral* et texte *dramatique*. Le texte théâtral est tout ce qui constitue une représentation théâtrale, tandis que le texte dramatique est uniquement ce qui rend dramatique l'événement scénique. Le metteur en scène élabore l'aspect dramatique dans chaque matériau. Ceci ne l'oblige pas à toujours recourir à une pièce dramatique finie. Il peut également appliquer la pensée dramatique à un annuaire téléphonique ou à un menu de restaurant. Ce qui revient à dire que le metteur en scène entame sa conceptualisation de la scène à partir d'un espace scénique et non à partir d'un espace théâtral.

L'espace théâtral diffère pour chaque représentation puisque ses éléments sont puisés de la scène dramatique elle-même. Pour cela, nous disposons uniquement des actions scéniques car ce n'est qu'avec leur aide que nous pouvons développer le sens dramatique de la représentation. Inconsciemment, lorsque nous pensons aux actions scéniques, s'insinue l'idée qu'elles sont exécutées exclusivement par les acteurs. Pourtant, si nous acceptons que les actions scéniques sont celles qui donnent le sens à la scène, le domaine exprimé par l'action scénique devient alors beaucoup plus large. Les actions scéniques peuvent être réalisées aussi bien à l'aide de la scénographie, de la lumière, des costumes, de la musique, des effets sonores... Si le metteur en scène met en place, pour chaque spectacle, une mise en ambiance scénographique différente de la pièce, d'autres conventions de jeu, d'autres conditionnements, cela signifie qu'il définit lui-même le sens de tout ce dont il se sert sur scène. Le sens proposé à l'avance et définitif n'existe pas. Autrement dit, aucun élément de la représentation ne signifie la même chose qu'il aurait signifié en dehors de celle-ci ou dans celles que l'on aurait déjà pu voir. La signification est construite à l'intérieur même de la représentation. La chaise, dans la vie réelle, n'est qu'une chaise, qui sert pour que l'on s'y assoie, mais elle devient, à l'aide de l'action scénique, un trône royal, une petite table basse sur laquelle on dépose un verre, une amante absente... L'action scénique, dans la représentation dramatique, a pour fonction de produire de nouvelles significations et c'est ce qui indique que l'action dramatique se compose précisément de l'articulation de ces significations *nouvellement produites*. Ces significations sont différentes dans chaque représentation et, grâce à elles, chaque représentation est unique. Si nous les transférons telles quelles dans une autre représentation nous avons quitté le travail du metteur en scène et le domaine de la mise en scène.

  L'acte d'enlever le manteau peut être aussi bien une action physique qu'une action scénique. C'est une chose que d'enlever un manteau parce que l'on pénètre dans une pièce, donc par ressemblance avec la vie réelle, et autre chose que de l'enlever pour une raison scénique définie : un vieil homme en enlevant son manteau marque la mort de sa vieille compagne, un homme d'affaires marque par cet acte qu'il a fait une excellente affaire, un homme ruiné en bourse détient dans le manteau tout ce qui lui reste de ses biens... Sur scène, chaque acte d'enlever le manteau est chargé d'un sens différent. *L'action scénique est l'acte de donner un sens à l'action physique.*

La pratique montre que la plus grande difficulté pour un metteur en scène est de distinguer les actions scéniques des actions physiques. Cette constatation peut nous aider : *l'action est une activité complexe d'une signification.* Pourquoi est-elle complexe ? Parce que chaque action se compose de tout un enchaînement d'autres activités. En accord avec ceci, l'action scénique correspond à l'acte de donner une signification scénique à une activité physique complexe. Un homme qui court respire profondément, soulève et repose ses pieds par terre, regarde autour de lui, transpire... Même dans la plus passive des situations, comme par exemple un homme plongé dans un sommeil lourd, nous apercevrons toute une série de manifestations du cœur, de la respiration, du déplacement des yeux sous les paupières... Mais pour le metteur en scène, l'homme qui court doit être porteur d'une signification précise : il poursuit quelqu'un ou est en fuite, est vieux et s'imagine encore jeune, attire l'attention sur lui... L'homme qui dort peut signifier : il a des remords, fuit la réalité en rêvant, se moque du reste du monde... En fonction de la scène dramatique, le metteur en scène cherche une action scénique avec laquelle il pourra exprimer une signification qui n'a pas pour sens l'acte de courir et l'acte de dormir. Ici, se situe le besoin manifeste pour la logique paradoxale.

Nous proposons quelques exercices simples qui aident à différencier l'action physique de l'action scénique.

Exercice 1 : Demander à un acteur de s'asseoir sur une chaise.

Question : Qu'est-ce qu'il fait ?
Réponse : Il est assis.
Question du metteur en scène : Qu'est-ce qu'il fait en étant assis ?

Exercice 2 : Demander aux deux acteurs qu'ils se mettent à danser.

Question: Qu'est-ce qu'ils font ?

Réponse : Ils dansent
Question du metteur en scène : Qu'est-ce qu'ils font en dansant ?
Exercice 3 : Demander à un acteur de faire une roulade avant.
Question : Qu'est-ce qu'il fait ?
Réponse : Il fait une roulade avant.
Question du metteur en scène : Il fait une roulade avant mais qu'est-ce qu'il fait ?

À partir des exercices de ce genre, il apparaît clairement que l'action physique surgit dans la réponse en tant que *description* de l'action : un homme est assis, un couple danse, un homme fait une roulade avant. Cela n'a pas d'importance pour le metteur en scène, étant donné qu'il s'agit du sens immédiat de l'action physique. Ce dernier cherche la signification scénique : qu'est-ce que fait l'homme qui, physiquement, est précisément en train de faire quelque chose ? L'homme qui est assis peut attendre quelqu'un, s'ennuyer, apprécier la compagnie des autres... Le couple qui danse peut être à la recherche du plaisir des sens, provoquer son entourage, se dire adieu, cette danse étant pour lui la dernière... L'homme qui fait une roulade avant peut être fâché, exprimer sa joie, vouloir attirer l'attention sur lui... Le moyen qui permet de distinguer l'action physique de l'action scénique est simple : on *décrit* toujours une action physique tandis que l'action scénique exige le processus réflexif de la *déduction*. C'est grâce à cela que nous pouvons compter sur l'attention du spectateur : d'une part, il reconnaît sur-le-champ les actions physiques et, d'autre part, il découvre leur sens scénique. Ce processus de la simultanéité qui s'opère dans la conscience du spectateur et lui permet de comprendre que le sens physique de l'action n'est pas analogue à son sens scénique, est décisif, comme nous le verrons plus loin, pour l'orchestration de l'action dramatique de l'événement scénique.

L'action scénique et l'action proposée de la scène

Ayant démêlé la confusion entre action scénique et action physique, il nous reste à présent à affronter une nouvelle action. À savoir : jusqu'à l'apparition de la mise en scène, l'action de la scène servait en tant qu'action scénique. Dans une pièce, c'est-à-dire pour nous le matériau dramatique, les personnages aiment, souffrent, désespèrent, se réjouissent... À première vue, ce sont des actions scéniques. Pourtant, quelqu'un qui souffre doit faire quelque chose en souffrant. La souffrance elle-même est l'action proposée dans une scène, ce qui construit la tension dramatique. Mais afin que la souffrance acquière également une dimension scénique, afin donc qu'elle soit mise en scène, il est nécessaire de trouver des actions scéniques qui constituent la souffrance. Le paradoxe apparaît comme incontournable.

À travers l'histoire du théâtre, lorsque cet art était le prolongement de la littérature, on pensait qu'il suffisait à l'acteur de trouver une émotion pour la souffrance, son pathos. Les acteurs prenaient alors - et, malheureusement, ils continuent à le faire aujourd'hui - l'action de la scène pour l'action scénique. Cela menait et mène toujours à la reconduction des stéréotypes. Il est facile de s'en rendre compte : si le metteur en scène donne à l'acteur des indications comme - sois joyeux, désespère, souffre, aime... ce dernier puisera aussitôt dans les solutions toutes faites de ses prédécesseurs. Il sait déjà comment on joue la joie, le désespoir, la souffrance, l'amour. Pourquoi ? Parce que les actions de la scène sont ce que l'on appelle les actions générales. Même les plus radicaux des rejetons de l'école de Stanislavski (comme c'est le cas avec l'école Lee Strasberg en Amérique) puiseront, dans le meilleur des cas, dans les sentiments profonds. Comme si leur manière sincère de ressentir un personnage pouvait remplacer le manque de solutions scéniques originales qui peuvent se manifester uniquement dans une invention imaginative des actions scéniques. L'action scénique trouvée de façon originale est la seule à pouvoir confirmer la sincérité des sentiments profonds d'un personnage. À l'inverse, éprouver des sentiments profonds apparaît en soi comme un stéréotype. Ici, nous ne pensons pas que les sentiments profonds ne doivent pas accompagner l'action de la scène. Bien au contraire, ils seront plus sincères s'ils sont plus riches de par les actions scéniques. Quoi que l'on éprouve, on fait toujours quelque chose. C'est ainsi que nous ne reconnaissons pas les sentiments par eux-mêmes mais par les actes qui les indiquent. Dans la vie réelle nous disons que quelqu'un ne fait rien mais sur scène - le paradoxe ! - nous demandons ce que fait quelqu'un qui ne fait rien. L'action scénique est une incarnation scénique de l'action proposée de la scène. L'action proposée de la scène, constructrice de l'action dramatique, est un support obligatoire et inéchangeable sur lequel nous construisons l'univers des actions scéniques, lui-même constructeur de l'événement scénique.

Ce qui différencie la mise en scène d'une pièce à une autre, n'est pas le fait qu'elle soit exécutée par des acteurs différents dans des lieux différents mais par les différentes actions scéniques avec lesquelles on exprime les actions proposées de la pièce. *L'ensemble des actions scéniques donne le sens à l'action proposée de la scène.* Autrement dit, en accord avec la définition de l'action : l'acte de donner une signification à l'action proposée de la scène à l'aide de la dynamique complexe de plusieurs actions scéniques.

Voici quelques exercices modèles qui aident à comprendre plus aisément la différence entre les actions scéniques et les actions proposées de la scène (ainsi qu'à éviter des stéréotypes).

Exercice 1 : Prions un acteur de faire éclater sa joie d'avoir rencontré par hasard un ami qui lui est cher.
Question : Comment réagit-il ?
Réponse : Il fait éclater sa joie.
Question du metteur en scène : De quelles actions scéniques est constituée sa joie ?
Exercice 2 : Prions un acteur d'annoncer à quelqu'un une nouvelle tragique sur la mort d'une personne très proche de sa famille.
Question : Comment réagit-il ?
Réponse : Il désespère.
Question du metteur en scène : De quelles actions scéniques est constitué son désespoir ?

Exercice 3 : Prions deux acteurs de se faire mutuellement une déclaration d'amour.
Question : Comment réagissent-ils ?
Réponse : Ils sont épris.
Question du metteur en scène : De quelles actions scéniques est constituée leur flamme ?

En dehors du fait que ce type d'exercice développe l'intuition de la différence entre les actions scéniques et les actions proposées de la scène, il aide également, dans le choix des actions scéniques, à distinguer tout de suite les stéréotypes des solutions originales. Une rencontre inattendue a pour but de montrer une action simple de la scène : les actions scéniques stéréotypes les plus courantes sont l'étonnement, le doute, le rejet du doute, l'exaltation. Mais un metteur en scène imaginatif fera appel au paradoxe théâtral et recherchera le contraire de l'exaltation : il fera jouer une fausse fâcherie ou une fausse déception par exemple. Le personnage qui apprend la nouvelle tragique induit habituellement l'acteur à puiser dans les sentiments profonds le jeu de vivre. Pourtant, d'après le principe du paradoxe théâtral, il pourrait tout d'abord se moquer ou tourner en plaisanterie la nouvelle apportée par le héraut à laquelle il refuse de croire tout d'abord. Le troisième exemple est donné afin d'orienter les acteurs vers un comportement montrant comment ils s'aiment (le jeu de représenter). Les stéréotypes dans ce cas précis sont, le plus souvent, puisés dans l'histoire du théâtre. Ils pourraient, en vertu du principe du paradoxe, rechercher les actions scéniques qui seraient en contradiction avec l'action proposée. Montrer une grande passion amoureuse peut se manifester scéniquement par exemple par la haine (il suffit de songer au rapport qu'Hamlet entretient avec Ophélie). En tout cas, on détourne l'attention de « je t'aime » vers autre chose dévoilant le sens de « je t'aime ».

Les exercices de ce type sont importants en ce qu'ils nous permettent d'aiguiser notre sens du discernement entre le jeu de l'action proposée et celui appuyé d'actions scéniques. Le jeu des actions proposées emmène l'acteur soit à rechercher les actions physiques en accord avec l'action de la scène, autrement dit il illustre le personnage, soit à se tourner vers ses sentiments, afin que l'action de la scène soit convaincante, sincère, vraisemblable. La méthode d'utilisation des actions scéniques paradoxales oriente l'imagination dans une autre direction, car elle ne recherche pas l'apparence de l'action (le jeu de représenter), ou la sincérité (le jeu de vivre). L'application de la méthode des actions scéniques paradoxales part de l'idée que le jeu de représenter - la réponse à la question *comment* jouer - et le jeu de vivre - la réponse à la question *que* sentir - sont dépassés par la question : que *faire,* afin d'exprimer l'action proposée de la scène. Autrement dit : que faisons nous alors que nous faisons déjà quelque chose ? Le principe paradoxal ne signifie pas, pour l'action proposée de la scène, de s'en tenir aveuglément à la contradiction, mais de trouver les actions scéniques qui lui donnent un sens original. Rechercher les actions physiques, pour *illustrer* l'action proposée de la scène, ou, à l'inverse, gratter dans ses propres sentiments afin que cette dernière soit la plus *convaincante* possible, mène aux stéréotypes et répétitions.

Les rôles du jeu de vivre sont souvent convaincants dans le sens mais ne font pas preuve d'imagination dans l'action. Ils peuvent avoir l'air persuasif, voire impressionner mais ne peuvent pas paraître riches en significations. À l'aide de l'approche paradoxale on impose un obstacle à l'imagination dont le franchissement rend l'aspect dramatique plus tendu et plus riche de sens : nous ne jouons pas ce qui apparaît clairement dès le début de la scène (amour, souffrance, joie...), mais nous dévoilons progressivement au spectateur à travers le développement de cette dernière que nous assistons à l'amour, à la souffrance, à la joie...

L'action scénique et le sous-texte

La notion d'action physique est apparue dans l'histoire pour désigner les actions qui ne recourent pas à la parole. Cela sous-entend que l'action parlée existe. Déjà, Molière soutenait que la parole était une action mais ce qu'est une action parlée nous ne l'avons appris pour la première fois qu'avec la découverte de Stanislavski. Jusqu'à lui, la déclamation dominait la scène. La déclamation appartenant au domaine de la musique et non de l'art dramatique, Stanislavski fut le premier à se pencher sur son sens dramatique.

C'est à lui que nous devons le constat que nous ne jouons pas sur scène la signification des mots mais le sens que nous leur accordons. Confronté aux phrases banales des personnages de Tchekhov, qui produisent dans leur ensemble un effet dramatique extrêmement complexe, Stanislavski a compris qu'il fallait rechercher le sens du jeu sous les mots. L. Strasberg est peut-être celui qui a poursuivi le mieux sa pensée : « Le mot n'est pas la parole. Les mots sont une action. Le mot ne commence pas avec la parole, mais avec un objet qu'il cherche à définir ; il prend naissance dans l'effort que l'on fait pour communiquer avec autrui »[44].

Dans le langage courant, le simple « Bonjour » correspond à une salutation. Sur scène, la signification de ce « Bonjour » dépend de son sens scénique. Il communique *simultanément* plusieurs données ; découvre les nombreuses significations de la situation scénique : c'est qui, comment il est, quand, où, à qui s'adresse-t-il, pourquoi... ainsi que beaucoup d'autres significations, tout cela à l'aide d'une action scénique. Il n'existe pas d'intermédiaire narratif pour annoncer toutes ces données les unes après les autres. Le fait que la signification langagière d'un « Bonjour » soit la salutation n'a que peu d'importance sur scène. Sur le plateau, nous communiquerons avec cette salutation la signification que nous aurons choisi. Nous le voyons, si sur scène les mots ne signifient pas ce qu'ils signifient habituellement, il

---

[44] L. STRASBERG, *Le travail à l'Actors Studio*, Paris, Gallimard, 199, page 207, (traduction D. Minot).

s'agit à nouveau d'un paradoxe. Un « Bonjour » peut signifier « Va au diable ! », « Quel bon vent t'amène ? ! », « Quel plaisir de te revoir ! »...

Exercice 1 : Demandons à un acteur de e nous saluer.
Question : Qu'est-ce qu'il fait ?
Réponse : Il nous salue.
Question du metteur en scène : Ceci est une action physique, la description de son action. Qu'est-ce qu'il fait en nous saluant ?

Exercice 2 : Demandons à un acteur de saluer une collègue au passage.
Question : Qu'est-ce qu'il fait ?
Réponse : Il salue une collègue qu'il croise au passage et qu'il ne s'attendait pas à rencontrer.
Question du metteur en scène : Donc, qu'est ce qu'il fait ? Physiquement, il la salue mais, scéniquement parlant, il manifeste sa surprise.

Exercice 3 : Demandons à un acteur de saluer dans un bureau son chef qui l'énerve.
Question : Qu'est-ce qu'il fait ?
Réponse : Il le salue contre son gré.
Question du metteur en scène : Donc, qu'est-ce qu'il fait ? Il s'efforce de rester poli.

De ces exercices résulte clairement que l'action parlée n'est pas uniquement une action qui s'exécute par la voix. Elle s'exécute tout autant par le geste. Pour quelle raison la désignerons-nous alors du nom d'action parlée s'il s'agit d'une action scénique ? L'action parlée n'existe donc pas. L'action parlée dépourvue de sens scénique n'est qu'une action physique. L'idée de l'existence de l'action parlée n'était qu'une étape dans le développement de la pensée de la mise en scène, un des moyens pour apprendre à penser en dehors de la signification des mots, c'est à dire d'enrichir en idées les significations des mots, en les plaçant dans un contexte dramatique plus complexe à l'aide des actions scéniques.

Afin de montrer le mieux possible la différence entre la signification des mots et celle des actions scéniques, recourons à nouveau à deux exercices modèles.

Exercice 4 : Demandons à deux acteurs de jouer une situation de leur choix, mais à l'aide uniquement de chiffres ou de nombres (nous ne faisons appel ici qu'à une possibilité parmi une infinité).
Le premier : 24 !   (Salut !)
Le second: 24 ! 68 ?   (Salut ! Comment vas-tu ?)
Le premier : 79. 68. ?   (Bien. Comment vas-tu ?)
Le second : 79.123? !   (Bien. Le boulot m'attend ?)!
Le premier : 12345…9876…
(Le boulot m'attend aussi…J'ai une de ces flemmes de
        travailler…)

Exercice 5 : Un couple dans une pizzeria ; ils lisent le menu .
Elle : Capriciosa ?   (Ambiance agréable ?)
Lui : Capriciosa.   (Vraiment agréable.)
Elle : Quatre saisons ?   (Est-ce que tu m'aimes ?)
Lui : Quatre saisons, Pizza… ? (Je t'aime, et toi ?)
Elle : Carbonara ! ! !   (À l'infini ! ! !)

Si « je veux » peut signifier, du point de vue scénique, « je ne veux pas », si en prononçant un texte quelconque nous pouvons exprimer l'amour le plus profond, alors il est question du jeu du sous-texte. On arrive donc à produire la signification de l'action scénique avec le sous-texte. Le metteur en scène cherche, dans chaque réplique, le sous-texte et induit ainsi l'acteur à la signification de l'action scénique.

L'action scénique et la scénographie

« Nous entendons par décor tout ce qui pendant la durée d'une image, le plus souvent immuable, remplit l'espace visuel dans lequel se déroule l'activité scénique. De cette manière, le décor englobe dans un sens plus large, en plus des coulisses et des perspectives, les meubles et les accessoires importants »[45]. C'est ainsi qu'on considérait dans le temps la scénographie, bien que, aujourd'hui même, cette approche se maintienne vigoureusement. Nous disons toujours « le décor » comme s'il s'agissait de l'embellissement de la scène.

La scénographie n'est pas une simple mise en décor de l'espace pour le jeu des acteurs. Elle n'est pas non plus une illustration d'ambiance scénique proposée dans la pièce dramatique. Dans l'espace scénique du jeu, E. G. Craig est le premier à avoir considéré systématiquement le jeu de l'espace. Ses écrans et ses panneaux flottants jouent, au sens propre du mot, et fonctionnent comme des actions scéniques[46].

La scénographie a son rôle comme les rôles des acteurs. Celui de la scénographie est de jouer son/ses personnage/s et de permettre aux autres de jouer les leurs. Très souvent, les scénographes essaient de façon photographique de recréer avec précision l'ambiance scénique par rapport au modèle, tel qu'il existe ou tel qu'il a existé dans la vie. Ce sont des scénographes « restaurateurs », en quelque sorte. Pour eux, la scénographie n'est pas un participant du jeu dramatique, elle n'est que l'espace décoré pour le jeu. Ils arrangent les éléments scénographiques en fonction des lois plastiques du décor, appliquant des critères extra-théâtraux et non en fonction des conventions du jeu dramatique de l'événement scénique lui-même. Ils oublient qu'est « raté chaque décor tellement beau que le public fasciné n'en détache plus son regard, ou si fait ingénieusement que le spectateur épaté se demande comment, avec quelle maîtrise technique, cela a été

---

[45] H. KLAJN, *Osnovni problemi rezije*, Beograd Izdavac, 1951. p. 229.
[46] E. G CRAIG, **On the Art of Theatre**, London, Heinemann Educational Books Ltd. 1911. Lire attentivement surtout ses ébauches pour le *Roi Lear* et *Hamlet* et sa gravure sur cuivre intitulée *Drama*.

obtenu »⁴⁷.

Les scénographes d'un autre type s'efforcent d'introduire sur scène seulement ce qui est indispensable pour le jeu et qui suffit à peine à comprendre l'action de la scène. Eux sont plutôt du genre « fonctionnalistes ». « Sur scène, d'après la règle, il n'y a pas de place pour les objets qui ne 'jouent' pas, car ils détournent l'attention du public. La seule justification de l'existence des objets sur scène provient de leur nécessité réelle à la compréhension du jeu. La porte par laquelle personne n'entre, la fenêtre par laquelle personne ne regarde, la chaise sur laquelle personne ne s'assied, le verre dans lequel personne ne boit... ne font que poser la question sans donner de réponse »⁴⁸. Ici, l'approche « fonctionnaliste » montre toutes ses limites. Tout comme dans le cas des « restaurateurs », les éléments scénographiques signifient ce qu'ils auraient signifié dans la vie : porte, fenêtre, chaise, verre...

Nous nous intéressons aux scénographes d'un troisième type. À ceux pour qui la porte, que personne ne franchit, jouera une action scénique, celle d'une intention non réalisée, d'une maison empestée, d'hommes oubliés au bout du monde..., ou la fenêtre par laquelle personne ne regarde - une obsession de la maisonnée, des hommes rejetés, effrayés... , ou la chaise sur laquelle personne ne s'assied - mort dans la maison, un tyran dans la maison, des gens égoïstes... , ou le verre d'eau dans lequel personne ne boit - un danger de la mort, un homme distrait, un obstiné...

Nous avons constaté que, dans le cas du cinéma, le spectateur se trouve à l'intérieur du champ scénique et se déplace au milieu de la scène entre les actions scéniques. À la télévision, le spectateur se déplace par bonds, d'un point à un autre, sur la sphère du champ scénique et apprécie les actions scéniques depuis tous les angles. Dans le rapport au film et à la télévision, le spectateur change de position à l'intérieur de l'ambiance scénique. Cette ambiance peut aussi changer entièrement pour le spectateur selon son éloignement, ou son rapprochement, élargissant ou focalisant son attention. Au théâtre, le scénographe conçoit le champ scénique autrement : la configuration des actions scéniques à

---

[47] H. KLAJN, p. 239.
[48] ibidem, p. 232.

l'intérieur de tout le champ scénique - car c'est la sphère qui se déplace et non le spectateur - crée la dynamique. L'action scénique s'approche et s'éloigne, bouge d'un côté à l'autre du champ scénique, monte, descend... Si dans *Hamlet* un paravent suspendu, tressé en cotte de mailles, devient à un moment donné le globe sur lequel apparaît le Spectre du père d'Hamlet, puis le mur derrière lequel un (des) personnage(s) est (sont) à l'affût des propos d'Hamlet, et encore le trône du roi...[*] alors l'élément scénique joue comme un enchaînement d'actions scéniques dans la construction du *personnage-scénographie* : celui de l' État danois qui se consume autour de son trône et, pour cela même, tombe en ruine. Ainsi, les changements de l'ambiance scénique ne sont pas de simples actions physiques mais bien des actions scéniques.

Dans le respect de l'exigence *sumatraïste* qui impose au metteur en scène que tout ce qui se trouve dans la sphère du champ scénique soit en lien avec tous les autres éléments, il apparaît clairement que tous les éléments scéniques servent un jeu de construction des significations. Sur scène, un mur ne reste pas simplement un mur ; quelque chose doit se produire avec lui.

La scénographie a, par conséquent, un quadruple emploi : 1) délimiter *l'ambiance scénique* par rapport au spectateur et à l'ensemble de son champ visuel ; 2) choisir les éléments qui constituent *l'ambiance scénographique*[**] ; 3) trouver dans l'ambiance scénographique, à l'aide des éléments scénographiques choisis, *les actions scéniques* ; et 4) former, à partir des actions scéniques, le/les *personnage(s)-scénographie(s)* d'une représentation.

---

[*] On pense à la représentation de ***Teatr na Taganke***, dans la mise en scène de J. Lioubimov, de 1975.
[**] Nous attirons l'attention sur la différence entre ambiance *scénique* et ambiance *scénographique*. La première se réfère à l'espace dans lequel on place la scénographie, la seconde à la signification de l'espace construit conceptuellement par la scénographie.

1. La délimitation de l'ambiance scénique permet au spectateur de s'orienter dans la scène. Pour la constitution de l'ambiance scénique, nous connaissons trois types de scénographies : *a*) scénographie *permanente*, dans laquelle sont jouées toutes les images de la pièce du début à la fin ; *b*) scénographie *combinée* permanente et changeante, dans laquelle certains éléments restent permanents tandis que d'autres changent ; et *c*) scénographie *changeante,* dans laquelle l'ensemble des ambiances scéniques changent en fonction des images.

2. Le choix des éléments scénographiques proposés s'effectue à partir des propositions trouvées dans le texte du matériau dramatique. D'habitude nous savons de quelle ambiance scénique il est question ainsi que les principaux accessoires de cette ambiance. Nous les complétons par ceux des éléments scénographiques que nous aurons choisis en accord avec notre idée de l'événement scénique. Nous connaissons trois types de décors : *a*) *successif*, où une ambiance scénique en remplace une autre ; *b*) *combinatoire*, où les ambiances scéniques s'échangent successivement et simultanément ; *c*) *simultané*, où le jeu se déroule parallèlement dans plusieurs ambiances scéniques. Les éléments scénographiques proposés correspondent à l'action proposée de la scène. On recherche ensuite les actions scéniques leur correspondant.

3. Si, dans la pièce de Tchekhov, on trouve un salon, un samovar ou une horloge, alors ceux-ci sont des éléments scénographiques proposés. Mais ce que ces derniers feront dans une scène nous ne l'apprendrons qu'après avoir répondu à ces deux questions : *a*) qu'est-ce qui se passe du point de vue scénique dans l'ambiance de la scène ? et *b*) qu'est-ce qui, dans ce cas, fait l'ambiance scénique elle-même ?

Nous savons ce que l'on fait, d'un point de vue matériel, dans un salon. Nous savons également que l'on boit le thé du samovar. Malgré tout, ce ne sont pas des significations scéniques. La signification scénique du salon peut être : des hommes se confient les uns aux autres leurs problèmes sans que personne ne s'écoute, des hommes cachent leurs sentiments...

Le scénographe choisit donc des éléments en fonction de ce type de signification. Verser le thé d'un samovar peut signifier : le passé fut beau (ou à l'inverse) restons solidaires et tout nous sera plus facile... Après avoir conçu les actions scéniques des éléments scénographiques, le metteur en scène répond à la question : que fait l'ambiance scénique elle-même, c'est à dire ses éléments ? Dans *Les Trois Sœurs*, l'action du docteur Tchéboutykine cassant l'horloge correspond bien à un arrêt du temps, ou à une tentative de reflux des souvenirs. L'action scénique des éléments scénographiques correspond donc à l'arrêt du temps.

4. Pour imaginer les actions scéniques dans l'ambiance de la scène il est indispensable que l'ambiance elle-même réagisse, l'ensemble de ces actions scéniques devant former le *personnage scénographie*. Dans *Les Trois Sœurs* encore, cela peut être la maison qui vieillit. Dans *Hamlet*, cela peut être le palais qui se désagrège. Dans *En attendant Godot*, le chemin qui efface la trace des pas de l'homme. Dans *Œdipe Roi*, le palais qui étouffe...

Voyons quelques exercices modèles que le metteur en scène effectue avant de s'adresser à un scénographe.

Exercice 1 : Choisissons un mur du drame de Tchekhov.
Question : Que fait le mur ?
Réponse : Il vieillit.
Question du metteur en scène : Que fait un mur qui vieillit ?
Réponse : Il craquelle, son crépi s'égrène, il se couvre de salpêtre...
Question du metteur en scène : Qu'est ce que ce vieillissement fait sur les autres personnages ?
Réponse du metteur en scène : ils essayent de boucher les fissures, ils étalent progressivement le crépi égrené en l'emportant sur leurs chaussures, tous ont les habits salis par le salpêtre...

Exercice 2 : Choisissons la plate-forme où apparaît le Spectre du père d'Hamlet.
Question : Que fait la plate-forme ?
Réponse : Elle cache le Spectre du père d'Hamlet.

Question : Que fait la plate-forme qui cache le Spectre du père d'Hamlet ?
Réponse : Elle fait couler le sang, transforme en glace la vapeur des nuages, casse la glace...
Question du metteur en scène : Faisant cela, que fait-elle à Hamlet ?
Réponse du metteur en scène : elle le rend incertain, le confronte avec le crime de son oncle et de sa mère, le provoque dans son courage...

Exercice 3 : Choisissons un chemin vide à la périphérie d'un village pour *En attendant Godot*.
Question : Que fait le chemin ?
Réponse : Il désoriente Vladimir et Estragon.
Question : Que fait le chemin qui désoriente ?
Réponse : Il efface les traces des pas dans la poussière ou dans la boue.
Question du metteur en scène : Ce faisant, que fait-il à Vladimir et à Estragon ?
Réponse du metteur en scène : il les désoriente sans qu'ils s'en rendent compte.

Exercice 4 : Choisissons le palais royal d'Œdipe.
Question : Qu'est-ce que fait le palais ?
Réponse : Il étouffe ses occupants.
Question : Qu'est-ce que fait le palais dans lequel l'air frais s'épuise progressivement ? Réponse : Il s'entoure des corps empestés, partout on distribue la chaux pour détruire les défunts victimes de la peste, pour invoquer les dieux, les feux du sacrifice sont de plus en plus grands et nombreux produisant fumée et suie...
Question du metteur en scène : Avec cela, qu'est-ce que le palais fait à Œdipe et à Jocaste ?
Réponse du metteur en scène : Il punit les coupables en les épuisant du manque d'air, les faisant suer, les enduisant de chaux et de suie...

Ainsi, nous satisfaisons au *sumatraïsme* pour lequel rien ne se produit par hasard sur scène sans un lien signifiant avec ses autres éléments. Tout ce qui est introduit dans l'ambiance scénique est chargé d'une signification à l'aide des actions scéniques. C'est pourquoi le metteur en scène ne demande jamais ce que signifie quelque chose car il s'écarterait ainsi du domaine de l'interprétation dramatique. Il demande toujours ce que quelqu'un ou quelque chose fait. Le faire donne la signification. Un homme n'est pas ce qu'il pense mais ce qu'il fait[49].

Le metteur en scène crée donc un *personnage-scénographie* de l'événement scénique dans son ensemble, tout comme des personnages à partir d'éléments scénographiques singuliers (le personnage de la chaise, de la table, du rideau, du tableau, de l'horloge...).

L'action scénique et le costume.

Nous sommes habitués aux trois fonctions du costume : 1) illustrer l'époque de la pièce, 2) indiquer le statut social des personnages, et 3) incarner le caractère du personnage.

1. Dès le début d'une représentation on découvre si l'action se déroule dans un salon bourgeois de la Russie provinciale du 19ème siècle, dans une maison aristocratique française du 17ème, dans un palais de la Renaissance italienne du 16ème siècle ou devant le palais d'un roi grec au 10ème siècle avant Jésus-Christ. Dans ces cas précis, le costume exerce le rôle d'une illustration.

2. Grâce au costume nous découvrons tout de suite de qui il est question : d'un domestique ou d'un seigneur, d'un riche ou d'un pauvre, d'un courtisan ou d'un paysan. Le costume utilisé de cette manière joue ce que l'on appelle l'action proposée de la scène.

3. Le costume sert de complément au caractère du personnage de l'acteur, ce qui indique à nouveau qu'il s'agit là d'une illustration.

---

[49] Nous avons emprunté cette phrase au roman de M. SELIMOVIC, *Dervis i smrt*, Paris, éd.Gallimard, 1978. Il est facile d'y reconnaître les idées qui ont été élaborées dans l'œuvre de Jean-Paul Sartre.

Pourtant, il ne faut pas oublier que le metteur en scène met en rapport *sumatraïste* tous les éléments de la scène - ce qu'on appel la *panpersonnification* - les amenant, les uns avec les autres et à l'aide de l'action, à un lien signifiant. Le costume n'existe pas sans le jeu d'un acteur, l'acteur n'existe pas sans une ambiance scénique, l'ambiance scénique n'existe pas sans un jeu de lumière... etc. En d'autres termes, le metteur en scène conçoit le costume dans un contexte plus large, ne part pas de significations toutes prêtes mais cherche à donner un sens scénique aux significations proposées de la pièce. Nous avons vu qu'en posant la question « que signifie quelque chose ? », nous restons à l'intérieur des indications de l'écrivain. Mais, en posant la question « que fait quelqu'un/quelque chose ? », nous passons dans le domaine de l'action scénique. Aussi, les réflexions du metteur en scène sur les éléments « costumographiques » de l'événement scénique ne peuvent-elles non plus échapper au même destin. Que *fait* donc le costume dans une représentation ?

Si nous convenons que le costume n'est obligatoire pour illustrer ni une époque, ni un personnage, ni un caractère, se pose la question: comment distinguer la renaissance de l'âge baroque, le roi du mendiant, l'avare du dépensier ? Le costume ne sert-il pas à ce que cela soit aussitôt clair pour tous ? La réponse est simple : à l'époque qui précède l'apparition de la mise en scène, les costumes étaient typés pour chaque époque et chaque personnage. On savait sur le champ *qui* était qui, de même que *comment* était chacun. Il ne restait au spectateur qu'à apprendre ce qu'il *ferait* et ce qui lui *arriverait*. Le costume est utilisé comme une convention permanente (ce qui s'oppose à la première exigence de la mise en scène – de nouvelles règles pour chaque représentation).

Imaginons une situation idéale : la représentation nous apprend progressivement, à travers les actions scéniques, à quelle époque l'événement se réfère, qui est qui par le statut social et familial, quels sont les traits de caractères de chacun. Le sentiment que le spectateur à de pénétrer progressivement dans l'événement scénique, d'apprendre et de découvrir sans cesse quelque chose, n'est-il pas plus souhaitable pour les besoins de la mise en scène ? ! Si on accepte cela, le rôle du costume acquiert alors un autre sens.

Ayant rejeté la fonction d'illustration, il nous reste le rôle du costume comme *personnage*, comme interprète des actions scéniques. Ici, beaucoup d'exigences s'imposent à l'imagination du metteur en scène, puisqu'il faut répondre à la question suivante : comment s'habille un radin, un aristocrate ruiné, comment s'habille une coquette. Mais la question *comment* mène le plus souvent vers des réponses stéréotypées (il est difficile de s'opposer aux préjugés inconscients). C'est pourquoi il faut se demander : *Que fait* un avare, *que fait* un aristocrate ruiné, *que fait* une coquette ? Lorsque nous savons ce qu'ils font, alors il est plus facile de trouver l'idée initiale pour le costume.

Exercice 1 : *L'Avare* de Molière.
Question : Que fait un avare ?
Réponse : Il cache son argent et le dépense qu'avec beaucoup de peine.
Question : Que fait-il en cachant l'argent et que fait-il lorsqu'il paie quelque chose ?
Réponse : Il s'enferme seul lorsqu'il le cache et peine lorsqu'il doit le donner.
Question du metteur en scène : Que se passe-t-il avec le costume lorsqu'il s'enferme seul, et que se passe-t-il lorsqu'il paie ?
Réponse du metteur en scène: Lorsqu'il s'enferme seul, il couvre la lucarne avec son pantalon, de sa veste il voile la fenêtre afin que personne ne l'aperçoive à la dérobée. Lorsqu'il paie, il peine à trouver un louis au fond de ses poches profondes. Afin de ne pas se faire voler, il réparti sur lui son argent en deux ou trois bourses.

Exercice 2 : L'aristocrate ruiné.
Question : Que fait un aristocrate ruiné ?
Réponse : Il s'érige en riche.
Question : Que fait quelqu'un qui se prend faussement pour quelqu'un d'autre ?
Réponse : Il cache la vérité sur lui-même, a peur que les autres ne s'en aperçoivent.

Question du metteur en scène : Que fait-il avec son costume lorsqu'il cache la vérité et que fait-il lorsqu'il a peur ?

Réponse du metteur en scène : Il cache la vérité en s'habillant de façon parfaite et luxueuse. Inquiet que son apparence le trahisse, il vérifie sans cesse son costume, surveille en permanence son état.

Exercice 3 : La coquette.

Question : Que fait une coquette ?

Réponse : Elle fait l'élégante.

Question : Que fait quelqu'un qui joue l'élégant et veut faire « branché »?

Réponse : Il accentue des détails de son comportement et de sa tenue vestimentaire afin de prouver qu'il est à la mode.

Question du metteur en scène : Que fait quelqu'un qui joue sans arrêt l'élégant et qui suit la mode sans aucun sens critique ?

Réponse du metteur en scène : Il exagère ; et c'est ainsi que sur ses costumes coûteux on remarque de nombreux détails « traîtres ». Afin d'être à la mode il porte quelque chose qui est en disharmonie avec son corps. Il se maquille, accentuant les traits de visage qu'il faudrait plutôt cacher.

Ici, nous nous sommes exercé, en utilisant les exemples de l'avare, de l'aristocrate ruiné, de la coquette, tous trois abordés de manière générale, simplement pour illustrer le processus de la réflexion à l'aide duquel, en recourant à l'action scénique, on aboutit à l'idée d'un *personnage-costume*. Dans le cas de l'avare, nous avons le personnage d'une bête effrayée, dans celui de l'aristocrate ruiné celui du danger, dans le cas de la coquette celui de la trahison. Pour ces exemples, l'avare portera des habits dont le caractère principal sera qu'ils pourront être utilisés de manière universelle et répondre à des emplois différents, se composer donc de plusieurs parties dans le labyrinthe desquelles notre avare se perdra lui-même, sans plus savoir, par moments, où se trouve l'ouverture du bras où du pantalon ; c'est ainsi que, avec une caisse pleine d'argent, il se retrouve presque dénudé. L'aristocrate ruiné porte un costume qui, le surveillant sans cesse, le fait souffrir : s'il s'agit de l'unique pièce de sa garde-robe, sa manière de se tenir devient totalement artificielle à seule fin de ne pas l'user. La coquette étouffe sous son costume et sous son maquillage, en ajoutant exagérément des couches successives l'une par-dessus l'autre. Tout cela ne signifie pas que nous avons évité les stéréotypes. Mais puisque l'on identifie certains traits de caractère joués à l'aide d'actions, il apparaît plus aisé d'appliquer la méthode des actions scéniques paradoxales. C'est ainsi que notre avare-godiche se servira avec virtuosité de son costume compliqué. Notre aristocrate s'appliquera, de manière plus prononcé que les autres, à faire tout ce qui nuit et s'oppose à la conservation de ses habits. Notre coquette choisira tout d'abord, parmi les nombreux ornements de sa robe, celui qui s'accordera le mieux avec l'ensemble et, de proche en proche, l'échangera contre un autre moins bien assorti.

Comme nous pouvons le constater, notre choix s'effectuera en fonction de nos réponses. En effet, nous ferons ressortir, à partir de chaque pièce, de nouvelles actions pour le costume, celles-ci étant en lien avec un personnage concret, ce qui implique en outre la création de divers costumes. Avec ces exercices, notre but était d'offrir une démonstration globale de la méthode qui permet au metteur en scène de trouver une idée pour le costume en évitant les pièges des stéréotypes. Appliquons, à présent, ces exercices à un exemple concret.

Exercice 4 : Hamlet porte le deuil.
Question du metteur en scène : Que fait Hamlet en portant le deuil ?
Réponse : Il pleure son père.
Question du metteur en scène : Ceci n'est que l'action proposée de la scène. Donc que fait-il du deuil d'un point de vue scénique?
Réponse du metteur en scène : Il défie sa mère et son oncle devenu beau-père.

À partir de l'action « il défie », l'idée du deuil d'Hamlet devient claire du point de vue scénique : son costume apparaît comme une provocation, une révolte à l'encontre de leur mariage.

Cela signifie aussi qu'Hamlet, sous ses habits de deuil, porte un autre costume. En respect du principe paradoxal, le deuil est tellement accentué qu'il finit par être artificiel. Réaliser un costume de deuil qui pousse le roi Claudius à rappeler Hamlet à l'ordre, plus un autre qu'Hamlet ne portera qu'en présence de ses amis, voilà un vrai travail pour un costumier. Ces deux costumes jouent, respectivement, les rôles de celui qui punit et de celui qui récompense ; celui du danger et du sentiment de sécurité. Identique est le rôle de l'armure dans laquelle apparaît le Spectre. Dans la scène finale, Hamlet pose son dernier regard sur l'armure vide. C'est ainsi que l'armure du début de l'événement scénique joue à la fin le rôle de l'exécution de la vengeance.

Pour le rôle, le costume ne sert donc pas à l'acteur de *déguisement*. L'acteur n'est pas quelqu'un d'autre avant d'agir mais le devient parce qu'il agit. Pour cette raison, le metteur en scène respecte les principes exigeant du costume qu'il modifie sa signification initiale par l'intermédiaire de l'action scénique et devienne un personnage dans l'événement scénique.

L'action scénique et le masque

Avant l'apparition de la mise en scène, le masque sert plus à l'élaboration des types qu'à la caractérisation des personnages. Plusieurs raisons à cela. Dans l'Antiquité, plusieurs milliers, voire des dizaines de milliers de spectateurs allaient au théâtre. Il était alors impossible de s'en tenir à la caractérisation des types. C'est pourquoi *l'élaboration des types des personnages* avait un rôle dominant. Les masques connotaient le roi, la reine, le héraut... Il appartenait à l'écrivain de les caractériser à travers le texte. La commedia dell'arte ignorait, entre autres, le problème du volume de la salle mais s'appuyait également sur les types. C'était la période de la *caractérisation des types*.

Lorsque le jeu des représentations quitte la lumière du jour de l'amphithéâtre, des places et des rues pour s'enfermer dans des salles sombres, un fort besoin de recourir au maquillage se fait sentir. L'éclairage est tel que le maquillage doit être exagérément accentué et s'accorder avec l'obscurité. Les Précieuses de Molière ne peuvent donc pas se maquiller sur scène à l'exemple de celles de la Cour. Le maquillage, initialement, *caractérise les types*.

Nous savons que la mise en scène s'est émancipée, en tant qu'activité, précisément lorsque, pour chaque personnage, on a voulu rechercher son caractère authentique et inconnu dans chaque nouvelle représentation. Cette période marque une divergence avec celle *de l'élaboration des types des personnages* tout comme *de la caractérisation des types*. Le masque commence à jouer le rôle de la *caractérisation des personnages*. Cela ne signifie pas pour autant qu'il n'est pas utilisé encore longtemps dans l'intention de montrer « ce que le personnage est, à la différence de ce qu'il fait »[50]. Il joue donc un rôle avec une signification établie à l'avance.

Le masque, devenu avec le temps un accessoire occasionnel, est remplacé par le maquillage. Dans la pièce, il apparaît de façon évidente qu'Othello est un noir, que Cyrano a un grand nez. C'est sur cela que se basent les intrigues de ces pièces. Le metteur en scène ne peut pas négliger ce fait. Pour cette raison, il ne s'agit pas de chasser le maquillage et le masque des représentations mais de savoir comment les utiliser en tant qu'actions scéniques afin que ces derniers deviennent un personnage. Nous rencontrons ici un problème hérité du jeu de représenter et du jeu de vivre. Le premier voit dans le masque un appui fort car celui-ci assume une grande partie du travail que l'acteur est supposé assumer par le jeu. Le second insiste sur le masque car l'acteur s'identifie à lui. Il se métamorphose et pendant une heure ou deux il « est » quelqu'un d'autre.

Si nous abordons le masque du point de vue des actions scéniques paradoxales, nous verrons que le rôle du masque se trouve au-delà de tout dilemme et est artificiellement imposé. Si l'action scénique est celle qui donne le sens au jeu des personnages, à la scénographie, au costume... alors ce doit être également valable pour le masque. Aussi, le metteur en scène construit-il le personnage dans une représentation en cherchant à trouver un personnage pour le masque. Le masque proposé de la

---

[50] H. KLAJN, *Osnovni elementi rezije*, Beograd, II Izdanje, Univerzitet umetnosti, 1978. p. 245.

pièce n'est pour un metteur en scène qu'une situation initiale.

Une source intarissable d'idées peut naître si l'acteur, portant dans le *Dom Juan* de Molière le rôle principal, prend en considération le masque et le maquillage tout au long de la pièce. Il peut, de par l'événement scénique, tomber et périr, mais peut aussi, par le masque et en accord avec la méthode des actions scéniques paradoxales, s'élever et vaincre. Le masque est, dans ce cas précis, un personnage qui vainc tous les obstacles. Un autre metteur en scène peut élaborer le *personnage-masque* en laissant Don Juan perdre progressivement le désir de tenir à son apparence extérieure : un maquillage se détériorant peu à peu, reflet de son désintérêt vis-à-vis de son entourage. Le masque joue ici le personnage de la fatigue et de la résignation. Un troisième metteur en scène construira à l'aide du masque le personnage d'un homme qui renonce subitement aux aventures amoureuses et se tourne de plus en plus vers la dérision de la société. Le masque jouera le rôle de la conscience révoltée ou celui du provocateur... Sans plus donner d'exemples, le masque, sur lequel compte le metteur en scène pour en faire un personnage dans la représentation à l'aide d'actions scéniques, dépasse considérablement les significations initiales que l'on retrouve dans l'événement scénique. Le roi qui, du point de vue du masque, reste roi du début à la fin de la représentation, n'existe pas. Quelque chose doit lui arriver. Il doit devenir une bête féroce comme Macbeth, un homme comme le roi Lear. Si quelque chose se produit alors quelque chose change. Il appartient au metteur en scène de faire participer le masque à ces changements et de construire *le personnage* à travers l'action.

Dans les pièces, nous n'avons que rarement des indications sur les masques. Comme si celles-ci pouvaient être déduites des personnages décrits eux-mêmes. À croire que ces indications peuvent se déduire de la description des personnages eux-même. C'est pour cette raison qu'il ne nous semble pas inutile de proposer quelques exercices modèles permettant de préciser les idées à propos du masque.

Exercice 1 : Tchéboutykine.
Question : Que fait Tchéboutykine?
Réponse du metteur en scène : Il vieillit et cela le soucie.
Question : Qu'est-ce que fait Tchéboutykine avec ce visage vieillissant qui le soucie ?
Réponse du metteur en scène : Il compte ses rides, il essaie de les « repasser ».

En appliquant la méthode paradoxale, Tchéboutykine vieillissant changera son apparence en se donnant un coup de jeune. Au début, c'est un vieillard négligé, masqué de sa barbe et des cheveux. À la fin de l'événement scénique, il est rasé de frais, a une coupe récente, essaie de se tenir comme un jeune homme.

Exercice 2 : Estragon.
Question : Que fait Estragon ?
Réponse du metteur en scène : Il veut devenir Vladimir.
Question : Qu'est-ce que fait Estragon pour devenir Vladimir ?
Réponse du metteur en scène : il essaie d'avoir la même moustache, il déplace son grain de beauté de la joue droite sur la joie gauche... Ce à quoi Vladimir, à chaque fois, l'empêche ... *

L'action scénique et la lumière

Nous appelons éclairage *passif*, la lumière éclairant l'action sur scène sans y participer. Son rôle consiste seulement à délimiter l'espace du jeu scénique de celui du spectateur. L'éclairage participant à l'action de la scène nous l'appelons *actif*. Il joue un rôle dramatique que le metteur en scène doit lui trouver.

1. Par rapport au spectateur passif, la lumière est un agent important de la dynamique du déroulement scénique théâtral. Ce que l'on réalise dans un film à l'aide du déplacement de la

---

* N'oublions pas que Beckett lui-même souligne, dans ses didascalies, que ses personnages se trouvent, tous deux, sur une scène de théâtre. Remarque importante quand on connaît le célèbre rapport strict que Beckett entretenait avec la mise en scène.

caméra et à la télévision à l'aide de la coupure, on l'obtient au théâtre grâce à l'éclairage. Avec son appui on restreint et on élargit l'ambiance scénographique, on l'approfondit et on la rétrécit, on la rehausse et on l'abaisse. La modification du volume de la sphère du champ scénique est la première caractéristique de la dynamique qui oriente la perception du spectateur.

Nous distinguons dans l'utilisation du *volume*: *a*) les plans et *b*) l'angle de l'éclairage. Les plans varient sur une échelle allant du détail jusqu'au plan d'ensemble (total). Les angles varient sur l'échelle de l'éclairage par le haut jusqu'à l'éclairage par le bas. Les sens sont obtenus en fonction de la configuration de l'espace scénique par découpages du cercle de 360°.

2. En accord avec la scénographie et les costumes, la lumière crée un certain sentiment de satisfaction chez le public. Nous ne pensons pas ici à la beauté de l'impression mais à la fonction dramatique. La tension perceptive dans l'ambiance scénographique est obtenue à l'aide de l'accentuation de certaines actions et de certains objets tout comme par effacement (éclipse) de l'importance, à un certain moment, de quelques autres facteurs de la scène. Ce que le metteur en scène accentuera ou effacera dans le processus du déroulement de l'action dépend de sa conception de l'aspect dramatique.

C'est ainsi que, en fonction de l'*atmosphère*, on distingue trois types d'éclairage : *a*) plein, *b*) focal (ou concentrique, suivant la terminologie choisie) et *c*) à focalisation multiple. L'éclairage plein maintient l'ensemble de l'ambiance scénographique éclairée avec la même intensité de lumière. L'éclairage focal concentre certaines actions et certains objets dans l'ambiance scénographique. L'éclairage à focalisation multiple éclaire simultanément plusieurs actions différentes ou plusieurs objets (éclairage focal multiplié).

3. En fonction de la *mobilité* nous disposons de : *a*) l'éclairage statique, *b*) l'éclairage combiné, statique et mobile et *c*) l'éclairage mobile. L'éclairage fixe permet de jouer sur lui, l'éclairage combiné et l'éclairage mobile permettent que l'on joue avec eux. Ce dernier peut être réalisé avec le déplacement d'un point du faisceau lumineux (qui correspond dans la

cinématographie à la notion de « panorama »), comme avec le déplacement du faisceau lumineux à partir d'un point mobile (ce qui correspond à la notion de « travelling »).

Jean Vilar a résolu, dans le *Dom Juan* la scène de séduction de Charlotte et Mathurine avec deux faisceaux lumineux statiques posés sur les deux femmes tandis que Don Juan traverse la zone « obscure » en courant de l'une vers l'autre. Grâce à ce procédé, les faisceaux lumineux statiques sur lesquels on joue ont rendu la scène d'abord plus vraisemblable du point de vue scénique, visuellement plus dramatique, ajoutant enfin un sens métaphorique. Pourtant, nous pourrions affirmer le contraire : à priori, l'utilisation perceptiblement intensifiée de l'éclairage mobile, non suivie d'une signification dramatique, ne trouve pas son sens.

4. L'éclairage a son *caractère* propre qui est fait de : *a*) l'éclairage contrasté (ou aigu, suivant la terminologie choisie) et *b*) l'éclairage flou. Le premier se base sur le choix d'une différence dans la configuration scénique du jeu, le second à partir d'une similitude.

Le caractère de l'éclairage permet de jouer aussi bien sur lui qu'avec lui. Il suffit d'établir un lien entre un personnage (ou un groupe de personnages) et un éclairage contrasté pendant qu'un autre (ou un autre groupe) sera éclairé uniquement en flou, et ce pour toute la représentation. Dans le conflit des uns avec les autres, l'éclairage détient ici un rôle expressif et significatif. Un exemple type où l'éclairage joue avec et sur le personnage est, de toute évidence l'*Hamlet* de Gaston Baty où le rôle du Spectre était joué par un point lumineux sur un support obscur.

Dans la conception d'ensemble de la représentation, s'imposent au metteur en scène *l'atmosphère* et *le caractère* de l'éclairage en tant qu'éléments dominants. Dans la conception de chaque scène séparée, il dispose principalement du *volume* d'ambiance scénographique et de *la mobilité* de la source d'éclairage (et, bien évidemment, de nombreuses combinaisons entre les deux).

Nous disposons donc des quatre catégories d'éclairage et de la possibilité de jouer sur et avec lui. Le metteur en scène peut ainsi décider des éléments à appliquer à l'ensemble de la pièce, de l'action de chaque scène, de l'action scénique portée par les acteurs mais aussi par chaque *personnage-scénographie*, chaque *personnage-costume* et *personnage-masque*. Bien évidemment, ces matériaux scéniques tendent tous à la réalisation de : la dynamique de la configuration du jeu par rapport au spectateur, l'enrichissement des actions scéniques et, enfin, la constitution du *personnage-lumière* de la représentation.

Nous soulignons que le metteur en scène applique, pour chaque spectacle, les quatre groupes d'éléments lumineux déjà mentionnés et que de l'idée qu'il en aura dépendra la manière dont il les appliquera. Pour cette raison, nous donnons ici un exercice du modèle appliqué à une pièce dans la globalité.

Exercice 1 : *Le Revizor* de Gogol.
Question : Que fait Khlestakov ?
Réponse : Il fait une imposture.
Question : Que font les autres ?
Réponse : Ils se font piéger par l'imposture et prennent un idiot pour un personnage important.
Question du metteur en scène : Quel *caractère* de l'éclairage appartient à Khlestakov et lequel appartient aux autres personnages ?
Réponse du metteur en scène : L'éclairage flou appartient à Khlestakov, celui contrasté aux autres.
Question du metteur en scène : Quelle est l'*atmosphère* appartenant à Khlestakov, et quelle est celle correspondant aux autres ?
Réponse du metteur en scène : On applique à Khlestakov l'éclairage focal et aux autres l'éclairage à focalisation multiple. À la découverte de la vérité (le fait que tout le monde s'est laissé duper) on utilise le plein-feux.
Question du metteur en scène : Quelle est la *mobilité* appliquée à Khlestakov et quelle est celle des autres ?
Réponse du metteur en scène : Au début, lorsque Khlestakov se soucie de son manque d'argent, éclairage est mobile ; lorsque son imposture sera découverte, l'éclairage sera

statique. Durant la duperie des autres personnages l'éclairage sera statique alors qu'il deviendra mobile à la fin.

Question du metteur en scène : Du point de vue du *volume*, quels plans et angles appliquer à Khlestakov ? Aux autres personnages ?

Réponse du metteur en scène : Accompagner en détail aussi bien Khlestakov que les autres pour que, à la fin, tous finissent dans le même ensemble.

En réponse à la question du *caractère:* les sympathies et la richesse de couleurs se trouvent du côté de Khlestakov tandis que les autres sont en « noir et blanc », bi-dimensionnels. En réponse à la question d'*atmosphère* : les imposteurs, aussi cupides les uns que les autres, subissent une atmosphère lumineuse. La réponse sur la *mobilité* suggère que ceux qui sont dupés deviennent nerveux, comme l'est Khlestakov au tout début. La réponse sur le *volume* indique que tous entrent individuellement dans la duperie de manière égoïste et forment à la fin un chœur d'hypocrites.

En ce qui concerne le *personnage-lumière* dans *Le Revizor*, mentionnons comme exemple la possibilité pour une ampoule de devenir le personnage. Admettons, au début, un Khlestakov dans la chambre d'hôtel irrité par une lampe qui clignote sans cesse. À la fin de la pièce toutes les ampoules clignotent. Ou, à chaque fois que Khlestakov réussit à faire quelque chose avec succès, il lance furtivement par la fenêtre un clin d'œil à sa « complice » la Lune. Juste avant la découverte de la vérité, ou à peine quelques instants après, la Lune se cache derrière les nuages (ou, dans un esprit grotesque : la Lune lui lance un clin d'œil puis se précipite dans une chute vers la terre).

Le metteur en scène ne laisse jamais échapper une occasion de *sumatraïser*, autrement dit, de concevoir des rapports à travers l'action scénique entre tout ce qui se trouve dans son champ visuel, même lorsqu'il s'agit de l'éclairage. Nous le soulignons, le metteur en scène se sert toujours de l'éclairage de façon active. Il décide toujours de jouer sur et avec lui. Il trouve l'objectif scénique pour les quatre catégories et essaie de concevoir le *personnage-lumière* de la pièce tout comme les *personnages-lumière* singuliers de l'événement scénique.

La musique et les effets sonores en tant qu'action scénique

Dans une représentation on trouve la musique en tant que : 1) *commentaire*, 2) *illustration* 3) *action scénique*.

1. Le metteur en scène souligne souvent à l'aide de la musique ce qui émerge clairement de l'action scénique mais qui ne lui semble pas être assez bien exprimé. C'est ainsi qu'il accentue avec la musique l'importance d'une scène, il annonce son caractère dramatique, il avertit du prochain danger... Le commentaire est la manière la plus courante de l'utilisation abusive de la musique.

Nous trouvons la musique en tant que commentaire sous forme de coulisse sonore ou comme d'effet sonore. Lorsque le metteur en scène change de scène, il recourt souvent à un effet musical ne signifiant rien d'autre que : la scène change.

La musique en tant que commentaire correspond à *l'action physique*. Elle n'a pas de signification scénique mais physique : ceci est important, ceci est un danger, ceci est une victoire, ceci est un changement...

2. On retrouve couramment dans les représentations dramatiques une atmosphère musicale. Grâce à elle, le metteur en scène dit la gaieté, la tristesse, la tension, l'insouciance, la dangerosité... Dans ce cas, l'atmosphère devient une illustration de la *nature* d'une situation scénique. La musique d'ambiance remplace souvent ce que le metteur en scène ne parvient pas à réaliser par les autres moyens scéniques à sa disposition. Une atmosphère musicale révèle l'état, l'humeur, non l'action. Parfois, on la trouve associée à la scène dans son ensemble - tous se réjouissent, tous souffrent... - parfois, à un personnage ou à un groupe de personnages. L'exemple le plus banal de ce type de musique est le violon gémissant, sentimental qui accompagne le baiser de deux malheureux amants[51]. Là où le metteur en scène n'a pas pu trouver une résolution suffisamment forte en s'appuyant sur des actions scéniques et des *personnages-acteurs, personnages scénographies, personnages-costumes* et *personnages-lumière*, il

---

[51] M. REINHARDT, *O glumcu*, dans T. Sabljak, *Teatar XX stoljeca*, MH, Zagreb 1975, p. 47.

essaie de combler cette carence à l'aide de la musique. Les illustrations musicales sont une sorte de « prothèse » sonore qui fonctionne comme un remplacement de l'action scénique. C'est surtout l'imagination du metteur en scène « à l'ancienne », convaincu que chaque pièce a « sa musique propre », qui s'en sert régulièrement. C'est un héritage de la tradition issue de l'opéra - surtout après la « révolution » wagnérienne - où un leitmotiv accompagne souvent certains personnages.

Les illustrations musicales correspondent à *l'action proposée de la scène*. Elles jouent l'humeur générale de la scène et des personnages.

3. La musique et le son utilisés comme actions scéniques le sont toujours en fonction de l'action dramatique. Leur signification physique et celle proposée dans la scène sont aussi dépassées en une nouvelle signification. La musique militaire dans le quatrième acte des *Trois Sœurs* ne signifie pas qu'un orchestre militaire est en train de jouer (l'action physique) parce que les militaires quittent le village (l'action proposée de la pièce). Il appartient au metteur en scène de décider si l'armée fête, regrette, ou si cela lui est égal de quitter la province. C'est ainsi que, dans *La Cerisaie*, le câble qui se rompt dans le circuit électrique ne signifie pas uniquement qu'un câble s'est rompu ou que quelqu'un souffre. Cet effet sonore signifie qu'une situation explosive est définitivement résolue et, de plus, de manière inattendue.

La musique en tant qu'action scénique peut : *a)* donner forme au personnage musical dans une représentation, et *b)* résoudre les scènes dans un sens dramatique[52].

a) Hamlet, dans la scène du cimetière saute à la gorge à Laertes ne pouvant supporter que ce dernier aime Ophélie plus que lui. Sa réaction resterait faiblement motivée et à peine expliquée à travers une simple réplique, si dans l'esprit d'Hamlet n'apparaissait un simple lien avec Ophélie. Ce son peut être un motif musical qu'Ophélie aurait chanté ou joué elle-même dans la

---

[52] P. Claudel affirme que la musique n'est plus un simple résonateur, ne sert pas en tant que simple support du chant, mais est un véritable juge, un personnage collectif.

scène 3 de l'Acte I, où elle et lui sont espionnés, ou bien dans la scène de la folie. Au cimetière, la musique devient l'action scénique de l'évocation, ce qui renforce et justifie la fureur d'Hamlet contre Laertes qui salit ce souvenir.

b) Le personnage sonore dans *Hamlet* pourrait être construit à partir des sons qui accompagnent le spectre du père d'Hamlet, de la musique qu'interprète la troupe d'acteurs en visite à la cour, et de la musique jouée en l'honneur d'Hamlet par l'orchestre officiel d'État présent à l'enterrement d'Hamlet. Pour un compositeur, il y a ici beaucoup à faire pour montrer l'idée shakespearienne du Destin, un personnage que nous reconnaissons à travers toute la pièce. La musique de la fin, composée à partir des précédentes, peut porter en elle une raillerie de l'Histoire : une vengeance de l'honneur dans une morale privé du sens de l'honneur.

Pour chaque pièce, et par rapport à tout niveau, la musique cherche sa place à travers et en tant qu'action scénique, dans le but de construire le personnage musical de la représentation. Ophélie chante au commencement de la folie. La folie peut se manifester sous d'innombrables formes mais c'est celle du chant que choisit Shakespeare. La caractéristique d'un fou est de n'être pas conscient de sa folie. Pour un metteur en scène, Ophélie est donc une fille heureuse qui exprime sa joie en chantant. Son chant, ce qui revient à dire la musique, participe à l'action dramatique précisément parce qu'il ressemble à la plus belle des musiques, chantée par la plus douce des voix féminines. À l'aide de l'action scénique paradoxale, la musique intensifie ainsi le drame, Ophélie faisant tout pour amuser ses auditeurs. L'action scénique d'Ophélie est bien la suivante : l'invitation à la détente par le chant.

Imaginons le personnage sonore de la bataille que Rodrigue remporte. Cet effet sonore peut être entendu pour la première fois dans la scène où Rodrigue prend sa décision[53]. Il devient attribut du personnage du Cid. Nous l'entendons ensuite en son absence (pendant la bataille) et enfin, dans toute sa plénitude, à l'occasion du « happy end ».

---

[53] P. CORNEILLE, *Le Cid*, Acte I, scène 6.

Le son, en tant qu'action scénique, transforme l'orgue de Barbarie en mitrailleuse, le piaillement d'oiseaux en accouchement, le chant des enfants en chant funèbre...

LE TRAVAIL AVEC L'ACTEUR

Les indications du metteur en scène à destination de l'acteur

De *la lecture que le metteur en scène fera d'une scène* il apparaît clairement qu'il y choisit tout d'abord les *circonstances* qui correspondent au thème précédemment fixé et à l'idée principale de l'événement scénique. Ensuite, dans le cadre de ces circonstances, il choisit *les objectifs des personnages*. Il les détermine suivant l'objectif auquel chaque personnage veut aboutir. Stanislavski a exprimé cela par la formule : *je veux que...* Le metteur en scène, sait également que chaque personnage veut aboutir à un résultat en accord avec son *caractère*.

Dans *La formation de l'acteur*, Stanislavski a également expliqué le problème de ce que l'on appelle les actions « générales » du jeu dramatique dans son ensemble[54]. Il voit la résolution de ce problème dans la subdivision de l'objectif en objectifs auxiliaires. Si le but n'a pas été atteint, c'est que, d'après l'auteur, l'objectif n'était pas suffisamment concret. La solution se trouverait alors dans une deuxième atomisation des objectifs auxiliaires en sous-objectifs et ainsi de suite.

Confronté à cette hiérarchisation nous proposons une solution basée sur le principe paradoxal : identifier tout d'abord *l'action proposée de la scène*, puis chercher *l'action scénique* lui correspondant. L'acteur, ne cherche donc pas un objectif de plus en plus petit afin de le concrétiser ainsi de plus en plus : il cherche immédiatement l'action scénique. L'aspiration à l'action scénique « la plus concrète possible » l'oriente vers une action « vraie », une action qui n'est qu'une variante de l'action proposée de la scène. Si nous appliquons la méthode paradoxale - identifier l'action proposée de la scène de laquelle on se sépare immédiatement à l'aide de l'action scénique - nous nous protégeons ainsi de l'émiettement et de la variante de l'action proposée de la scène, grâce à quoi nous nous retrouvons automatiquement dans l'univers des actions concrètes. L'action scénique peut même être en

---

[54] K. STANISLAVSKI, *La formation de l'acteur*, chapitres *L'activité* et *Séquences et objectifs*, Paris Editions Pygmalion, 1986.

contradiction avec l'action proposée de la scène.

L'acteur qui joue le personnage qui souffre, éprouve la joie, aime... recherchera d'après Stanislavski des actions qui se situent dans la constellation de la souffrance, de la joie, de l'amour. C'est ainsi que l'acteur fera tout d'abord appel aux clichés, puis essaiera de les « atténuer » à l'aide des sentiments afin que ces derniers « justifient » la vérité de l'action scénique proposée.

La méthode paradoxale exige que l'on recherche des actions qui ne font en aucun cas partie de ces constellations. Le personnage qui souffre fait tout pour ne pas se comporter comme quelqu'un qui souffre : il cache sa souffrance ou n'en tient pas trop compte ou encore, il amuse les autres avec elle... Il n'y a rien de pire qu'Hamlet ou Rodrigue pleurant sur leur sort, « éprouvant » devant nous leur souffrance. Le personnage qui éprouve de la joie ne montre pas sa joie en riant, en sautant de joie, en s'excitant. Imaginons-le en train de s'occuper de quelque chose de peu d'importance dont il n'a jamais remarqué l'existence auparavant. Le personnage qui aime n'étale pas ses passions amoureuses à l'élue de son cœur mais attire l'attention sur elles.

Lorsque Stanislavski constate que « les objectifs scéniques doivent toujours être déterminés en recourant au verbe »[55], il a déjà derrière lui l'expérience d'indications menant vers un jeu mécanique, vers des stéréotypes et le jeu du jeu. Il a trouvé la solution à cette situation dans les verbes. Plus le verbe est concret dans un rôle, plus grande est la chance de résoudre une scène. Pourtant, le problème de caractère concret persiste toujours. Cela revient à se demander : comment identifier son degré ? Où se termine le caractère général et quand commence le caractère concret ? Faut-il, n'ayant pas répondu à cette question, changer d'objectif si on ne lui a pas trouvé de solution ? Ou encore creuser la scène dans les moindres détails à l'aide des objectifs auxiliaires, des sous-objectifs et des objectifs de secours... ? Ces questions nous ont convaincu que la recherche de l'action scénique concrète ne donne pas la bonne indication. On recherche l'action scénique paradoxale, celle-ci ne pouvant être générale parce que l'action

---

[55] Ibidem, chapitre *Séquences et objectifs*.

proposée de la scène l'est déjà. Lorsqu'on connaît l'action proposée il n'est pas difficile de reconnaître l'action scénique concrète. S'efforcer de rapprocher le plus possible l'action générale de la concrétisation ne mène que vers un type de théâtre, celui à la Stanislavski. Ces raisons nous amènent à avancer que la découverte de Stanislavski exige, aujourd'hui, quelques remises à jour.

L'idée concernant les verbes reste toujours en vigueur. Chaque objectif se construit à l'aide de l'action, donc du verbe. C'est ainsi que le personnage est en activité permanente, donc en conflit permanent. Il n'existe pas d'objectif qui puisse être formulé avec « je veux que je ne veuille pas… ». Mais, afin que l'objectif puisse être joué, il ne suffit pas d'enchaîner les verbes, c'est-à-dire les actions, à l'infini. Une formule qui nous préservera de longues discussions et de longues répétitions est indispensable.

Il ne faut pas perdre de vue que Stanislavski a orienté l'ensemble de son travail de recherche en fonction de la vérité, dans la phase que l'on appelle « le réalisme psychologique ». Dans *La formation de l'acteur*, le chapitre qui donne des considérations sur les objectifs des personnages et le caractère concret de l'action s'intitule « La foi et le sens du vrai ». Les actions sont recherchées dans un souci de vérité. Aujourd'hui, pour un metteur en scène, la vérité n'est plus un but en soi. Elle est sous-entendue. Nous avons vu en considérant le *style* et le *contrat avec le spectateur* qu'*est vrai ce qui est conséquent par rapport au contrat*. De là vient la différence qui nous a conduit à dépasser le problème du caractère concret de l'objectif *en transformant l'action proposée de la scène en objet des actions scéniques*. Que fait un personnage avec sa souffrance, que fait un personnage avec sa joie, que fait un personnage avec son amour… ? Si un lien clair, par rapport à l'action proposée de la scène, n'est pas établi, on reste dans l'univers des stéréotypes auxquels nous ne pouvons remédier qu'à l'aide des sentiments soi-disant « profonds » et « sincères », voire même réellement sincères. Grâce à la méthode paradoxale, nous retenons l'objectif. Le caractère concret n'est désormais plus un obstacle, puisqu'on recherche l'action scénique dont l'objet est l'action proposée, et non le degré de différentes actions scéniques qui seraient une confirmation de la vérité de l'action proposée de la scène. Nous ne sommes plus face à la question : quel est l'ensemble des actions qu'un personnage qui souffre et qui veut que... peut effectuer ? Le metteur en scène pose à l'acteur la question suivante : Que fait un personnage qui veut que... avec sa souffrance... ? Nous ne nous trouvons donc pas devant un nombre infini de possibilités et de variantes, même si nous avons eu la chance de trouver la « bonne » action scénique. Nous avons déjà restreint le champ de notre recherche à un nombre plus petit d'actions scéniques qui pourrait s'insérer dans les circonstances que nous aurons choisies, dans notre choix de l'objectif et du caractère du personnage. L'action scénique est, par sa définition même, concrète. Elle n'est pas une variante de l'action proposée : elle ne demeurerait ainsi qu'une action générale.

Appliquant la méthode paradoxale, la solution apparaît relativement vite et clairement : le metteur en scène *reconnaît* tout d'abord *l'action proposée de la scène* puis, dans le cadre *de l'objectif du personnage*, il *cherche l'action scénique en définissant le rapport à l'action proposée de la scène*. Cette recherche ne suit pas le chemin de la plus grande concrétisation de l'objectif mais s'effectue en réponse à la question : *Que fait le personnage par rapport à l'action proposée de la scène ?*

Il semble absurde (Stanislavski s'est retrouvé dans une position impossible), de jouer l'action proposée de la scène et de faire en sorte qu'elle soit en même temps concrète. La différence entre la méthode prônée par Stanislavski et la méthode des actions scéniques paradoxales consiste dans : *a*) l'identification de l'action proposée de la scène (ce avec quoi nous avons évité le jeu de l'action générale), et *b*) le fait de prendre l'action proposée de la scène comme prétexte aux actions scéniques, ce qui nous empêche de nous perdre dans le flou et nous maintient dans le domaine de l'immédiat.

Les verbes

Il nous semble que dans notre travail l'absence de l'adverbe « comment » a été suffisamment soulignée. C'est, de toute évidence, le mot auquel le metteur en scène recourt le moins souvent et qu'il s'interdit même par moment pour des raisons pratiques. Le metteur en scène a le droit de savoir *comment* en sachant *ce qu*'il faut dire, écrivait G. Tovstonogov[56]. « Comment » renvoie toujours à une réponse démonstrative : « comme ça ». Si on connaît à l'avance le « comme ça » alors il suffit de le reproduire à l'infini ce qui correspond, par excellence, au choix de stéréotypes. De là vient l'importance du verbe. Pourtant, les verbes peuvent eux-mêmes induire aux stéréotypes. Rares sont les acteurs qui ne tendront pas aussitôt la main pour s'emparer d'une des solutions vues et revues pour la énième fois. Nous disons à un acteur « mets-toi en colère », et voilà qu'il se met à rouler des yeux et à plisser le front. Nous disons à un acteur « montre ta joie » et voilà qu'il sourit jusqu'aux oreilles et fait briller ses yeux. Nous disons à un acteur « aime » et voilà qu'il se met à soupirer tout en figeant son visage d'un doux sourire. Les verbes seuls ne nous préserveront pas radicalement des stéréotypes. Pourquoi faut-il alors s'en tenir aux verbes s'ils ne mènent pas à une authenticité garantie ?

Tout d'abord, les verbes sont le moyen le plus efficace pour réprimer la déclamation. Lorsqu'après chaque réplique on joue une action scénique différente, on restreint ainsi la seule action qui couvre toutes les répliques : la déclamation. Grâce aux actions scéniques différentes, le texte reçoit les significations des actions et non celles des mots (ce par quoi nous sommes déjà dans le domaine de la mise en scène). La signification des mots ne crée pas, nous l'avons dit, l'événement scénique ; c'est ce que les acteurs font avec les mots qui détermine leur signification. Dans le cas contraire, l'acteur recherche des émotions pour exprimer le contenu des mots, ce qui mène au jeu de l'action proposée de la scène.

---

[56] G.A. TOVSTONOGOV, *Krug mislei*, Leningrad, Iskusstvo, 1972.

Les verbes expriment le plus succinctement les actions scéniques dans le sens de l'impulsion de l'acteur, puisqu'ils cherchent à répondre à la question « qu'est-ce que ? » et non à la question « comment ? ». C'est pourquoi il est facile de démasquer le stéréotype : c'est la solution avec laquelle l'acteur joue l'action proposée de la scène. Lorsque l'on applique la méthode paradoxale, l'attrait des stéréotypes est aussitôt remis en question. L'acteur ne recherche pas les verbes pour l'action proposée de la scène mais l'utilise comme objet des actions scéniques, évitant ainsi toute forme de stéréotype. Aussi les verbes, dans cette méthode, mènent-ils directement au démantèlement des stéréotypes.

L'ensemble de la communication humaine, de l'activité relationnelle, se fonde sur un « noyau » de quatre notions de base :

Question
Affirmation + *Négation*
Réponse

Dans toute réaction humaine on retrouve le sens de l'une d'elles ou de l'une de leurs combinaisons possibles. Quelle que soit l'activité de l'acteur, il affirme ou nie toujours quelque chose, pose une question ou y répond. Ceci apparaît parfois clairement au premier abord et parfois reste dissimulé. Chaque verbe peut être aussi bien une réponse ou une question, une affirmation ou une négation.

Voyons un leitmotiv de Beckett dans *En attendant Godot* :
« Vladimir : Alors, on y va ?
Estragon : Allons-y. »
Nous avons une question et une réponse. De plus, Estragon donne une réponse affirmative. Pour le metteur en scène, cette réponse, de par l'action, peut également être une négation sans que l'on touche à un seul mot du texte de l'auteur. Estragon *refuse* d'y aller. Cela peut *confondre* Vladimir. « Ils ne bougent pas », conclut Beckett dans sa pièce. Ils ne bougent pas mais que font-ils alors qu'ils ne bougent pas ? Estragon s'est *révolté*. Vladimir *ne* peut en *croire* ses yeux... C'est pourquoi il reste debout.

On voit que le metteur en scène ne cherche pas ce que l'on appelle les verbes « propres », isolés. Il sont tressés en un réseau de réactions complexes. Si on regarde la liste de quelques dizaines de milliers de verbes, on constate que presque 90% d'entre eux sont quasiment inutilisables pour les desseins du metteur en scène, excepté pour des significations imagées. Ainsi sont les verbes « moudre », « broyer »... Le metteur en scène les emploie en tant que tels dans la mesure où ils suscitent dans la conscience de l'acteur l'idée de l'action scénique. Par conséquent, le metteur en scène ne recourt pas aux verbes comme s'il s'agissait de la « parole sacrée ».

Grâce au « noyau », il pourra toujours facilement se séparer de l'action proposée de la scène. Vladimir et Estragon ne restent pas debout car tel est le désir de l'écrivain. Ils restent debout car ils font quelque chose. Il appartient au metteur en scène de définir pourquoi ils restent debout. Il suffit qu'il se pose cette question : que font-ils en restant debout ? De la manière dont il a conduit leur conflit et défini l'action proposée de la scène, le principe paradoxal agira aussitôt.

Le « noyau » sert à découvrir tout de suite dans quelle direction il faut chercher l'action scénique. Lorsque l'on constate que le personnage essaie d'apprendre quelque chose, on voit alors qu'il enquête, questionne, vérifie, calcule... Toute une série de verbes peut être employée en fonction de l'action proposée. Grâce au choix de l'action proposée de la scène, on ne joue pas ce qui est prononcé par le texte. Grâce au « noyau », toutes les actions scéniques possibles que l'on recherche se trouvent à notre disposition sans qu'on ait à errer à l'aveuglette. Le « noyau » a une propriété générative : il restreint notre choix illimité à un certain nombre de verbes utiles, après quoi il est plus facile de se décider pour un verbe/action particulier/ère.

Prenons, par exemple, le monologue de Don Rodrigue dans le *Cid*[*]. À première vue, il s'agit d'une plainte que Rodrigue émet sur son propre sort. Mais la recherche de l'action proposée de la

---

[*] Acte I, Scène 6. Notre choix porte sur cet acte en raison de sa complexité ; l'acteur n'a pas de réel interlocuteur et l'ensemble est écrit en vers.

scène permet de découvrir qu'il s'agit en réalité d'un *réexamen* de la situation dans laquelle le héros se trouve. Le metteur en scène qui s'est décidé pour le caractère militaire de Rodrigue considérera ce réexamen comme un acte de *réconciliation* avec le destin. Le metteur en scène qui s'est décidé pour un Rodrigue ayant davantage le caractère de l'amant, considérera ce réexamen comme une *révolte* contre le destin. Aussi bien la réconciliation avec le destin que la tentative de lui échapper doivent être définies par rapport à l'action proposée - le *réexamen* de la situation. De là, s'ensuit la définition de l'objectif de la scène. Don Rodrigue « soldat » dispose d'objectifs comme : Je veux *trouver* des preuves qui légitiment la vengeance de mon père ! Je veux *réfréner* mes sentiments ! Je veux *préserver* l'honneur de mon père !... et Don Rodrigue « amant » : Je veux *éviter* de prendre une décision ! Je veux me *tirer* du piège ! Je veux *préserver* Chimène !

Du choix de l'objectif du personnage par rapport à l'action proposée de la scène dépend également le choix des actions scéniques. Regardons les premiers vers du monologue :

« Percé jusques au fond du cœur
D'une atteinte imprévue aussi bien que mortelle,
Misérable vengeur d'une juste querelle
Et malheureux objet d'une injuste rigueur,
Je demeure immobile, et mon âme abattue,
Cède au coup qui me tue.
Si près de voir mon feu récompensé,
O Dieu, l'étrange peine !
En cet affront mon père est offensé,
Et l'offenseur le père de Chimène ! »

Don Rodrigue « soldat » *constate* dès les premiers vers l'état réel des choses. Don Rodrigue « amant » essaie de se *recueillir*.

« Que je sens de rudes combats !
Contre mon propre honneur mon amour s'intéresse :
Il faut venger un père, et perdre une maîtresse :

L'un m'anime le cœur, l'autre retient mon bras.
Réduit au triste choix ou de trahir ma flamme,
  Ou de vivre en infâme,
Des deux côtés mon mal est infini.
  O Dieu, l'étrange peine !
Faut-il laisser un affront impuni ?
Faut-il punir le père de Chimène ? »

Don Rodrigue « soldat » *met en balance* les conséquences. Don Rodrigue « amant » commence à *discerner* les différents enjeux à l'œuvre.

« Père, maîtresse, honneur, amour,
Noble et dure contrainte, aimable tyrannie,
Tous mes plaisirs sont morts, ou ma gloire ternie.
L'un me rend malheureux, l'autre indigne du jour.
Cher et cruel espoir d'une âme généreuse,
  Digne ennemi de mon plus grand bonheur,
    Fer qui cause ma peine,
M'es-tu donné pour venger mon honneur ?
M'es-tu donné pour perdre ma Chimène ? »

Don Rodrigue « soldat » *se moque* du désespoir. Don Rodrigue « amant » *espère* la rédemption.

« Il vaut mieux courir au trépas.
Je dois à ma maîtresse aussi bien qu'à mon père :
J'attire en me vengeant sa haine et sa colère.
J'attire ses esprits en ne me vengeant pas.
À mon plus doux espoir l'un me rend infidèle,
  Et l'autre, indigne d'elle. »

Don Rodrigue « soldat » *déteste* l'impasse. Don Rodrigue « amant » se *rit* de l'impasse.

« Mon mal augmente à le vouloir guérir,
  Tout redouble ma peine.

> Allons, mon âme ; et puisqu'il faut mourir,
> Mourons du moins sans offenser Chimène. »

Don Rodrigue « soldat » *examine* l'ultime possibilité de l'issue. Don Rodrigue « amant » *refuse* de continuer à penser, il se *précipite* sur l'ultime possibilité.

> «Mourir sans tirer ma raison !
> Rechercher un trépas si mortel à ma gloire !
> Endurer que l'Espagne impute à ma mémoire
> D'avoir mal soutenu l'honneur de ma maison !
> Respecter un amour dont mon âme égarée
> Voit la perte assurée ! »

Don Rodrigue « soldat » *s'encourage*. Don Rodrigue « amant » *se tourne en dérision*.

> « N'écoutons plus ce penser suborneur,
> Qui ne sert qu'à ma peine.
> Allons, mon bras, sauvons du moins l'honneur,
> Puisqu'après tout il faut perdre Chimène. »

Don Rodrigue « soldat » *écarte* sa souffrance. Don Rodrigue « amant » *s'accuse* lui-même.

> « Oui, mon esprit s'était dissout
> Je doit tout à mon père avant qu'à ma maîtresse.
> Que je meure au combat, ou meure de tristesse,
> Je rendrai mon sang pur comme je l'ai reçu.
> Je m'accuse déjà de trop de négligence :
> Courons à la vengeance ;
> Et tout honteux d'avoir tant balancé,
> Ne soyons plus en peine,
> Puisqu'aujourd'hui mon père est l'offensé,
> Si l'offenseur est père de Chimène. »

Don Rodrigue « soldat » *se trouve soulagé,* ayant trouvé une justification à sa décision. Don Rodrigue « amant » *déteste* sa décision. Qu'a fait le « soldat » ? Il a *constaté* la nouvelle situation, *mis en balance* les conséquences, *s'est moqué* du désespoir, *a détesté* l'impasse, *réexaminé* une dernière fois la possibilité d'une issue différente, *s'est encouragé* lui-même et *a soulagé* sa peine.

Qu'a fait « l'amant » ? Il essaye de se *recueillir*, tente de *discerner* ce qui lui arrive, *espère* une rédemption, *rit* de l'impasse, *refuse* de continuer à penser, *s'accuse* lui-même et *déteste* sa propre décision.

Nous avons indiqué des modèles qui permettent de parvenir aux actions scéniques. Bien évidemment le travail sur le monologue de Don Rodrigue pourrait être poursuivi jusqu'à ce que l'on trouve derrière chaque vers une action scénique différente. De même, il serait possible de trouver une variante pour chaque action scénique[*]. Constater signifie également apporter son propre regard. De là, l'action scénique de la pacification : Calme-toi Rodrigue et réfléchis à tête reposée ! Se recueillir signifie également ne pas comprendre ce qui se passe. Cela peut entraîner l'action scénique de l'étonnement : Rodrigue, que se passe-t-il au juste, comprends-tu ? Ceci est un exemple de la manière dont on parvient à l'action scénique à l'aide du sous-texte.

Comme on peut le voir à partir des exemples ci-dessus, le metteur en scène dispose pour ses indications de plusieurs possibilités : à commencer par des verbes particuliers, pour ainsi dire « propres » (parler à quelqu'un d'un ton sec, rejeter, ironiser...), en passant par des expressions que l'on trouve dans une phrase, et qui répondent à la question « qu'est-ce que » (dédaigner la solution proposée, refuser de s'identifier aux autres, retenir une colère momentanée...), jusqu'à l'utilisation du sous-texte (c'est cela, je veux..., attention danger..., il ne manquait plus que cela...). Toutes ces possibilités aident à « isoler » de manière précise l'action scénique dans sa signification scénique.

---

[*] Nous pourrions mentionner également toute une série d'autres actions scéniques, moins attendues et d'apparence « irrationnelles », mais pour la clarté du modèle nous pensons que cet exemple est suffisant.

Le premier repère est que l'action scénique ne doit pas coïncider avec ce qui a déjà été annoncé par le texte. Don Rodrigue dit : « O Dieu, l'étrange peine ! », ce qui dans le texte correspond à une plainte, à une lamentation. Pour le metteur en scène l'accent se trouve sur « étrange » : Don Rodrigue doute un instant de Dieu, s'étonne, recherche, surmonte sa douleur...

Le second repère est que son sens peut être immédiatement compris et interprété sans « sommaire ». Cela signifie que les explications et notes de bas de pages ne sont pas nécessaires.

Le troisième repère est que le metteur en scène trouve l'action scénique paradoxale, ce par quoi il se préservera des stéréotypes. Imaginons Don Rodrigue « amant » qui, dans une situation tragique, se moque à plusieurs reprises de son destin ou de son père... Autrement dit le metteur en scène, derrière chaque réplique, pose la question suivante : Que fait, dans sa peine, Don Rodrigue par rapport à l'action proposée de la scène ?

Grâce au paradoxe, qui est de prendre l'action proposée de la scène pour objet et non pour prétexte aux actions scéniques - et tout cela suivant les principes des « noyaux » - un choix restreint de verbes précis se trouve déjà à l'œuvre.

L'accent logique

Rodrigue aime Chimène. Une phrase tellement simple et claire que l'on aurait du mal à la simplifier d'avantage. À y regarder de plus près, sa limpidité n'est pourtant pas si évidente. Regardons les trois *accents logiques* possibles :

a) *Rodrigue* aime Chimène.
b) Rodrigue *aime* Chimène.
c) Rodrigue aime *Chimène*.

L'accent logique n'existe que dans la prononciation, raison pour laquelle il est possible grâce à lui d'ajouter une signification supplémentaire à la signification principale.

a) En accentuant *Rodrigue* aime Chimène, on répond à la question : qui aime Chimène ? De cette manière, on exclut quelqu'un d'autre comme un soupirant potentiel de Chimène.
b) En accentuant Rodrigue *aime* Chimène, on exclut la possibilité qu'il ne l'aime pas.
c) En accentuant Rodrigue aime *Chimène*, toutes les autres femmes sont ainsi exclues de son cœur.

Cet exemple très simple fait ressortir que le metteur en scène doit compter avec les accents logiques comme sur des alliés dans l'utilisation des actions scéniques, surtout dans les textes classiques et les textes versifiés. Prenons le vers de Corneille : « Père, maîtresse, honneur, amour, » puisqu'il est clair dans son sens. Mais qu'en est-il de la prononciation ?

Il est difficile, dans l'histoire du drame, de trouver si génialement récapitulées les circonstances tragiques dans lesquelles se trouve un personnage. Quatre substantifs, et toute la circonstance tragique y est exprimée. Les deux premiers substantifs se trouvent en « contradiction » avec les deux derniers : *père* ↔ *maîtresse* et *honneur*↔*amour*. À première vue, l'action scénique doit représenter *l'opposition* du père à la maîtresse tout comme l'honneur à l'amour de Rodrigue. Sans l'accent logique, cette opposition change de signification : l'action scénique devient *la mise en parallèle* du père avec la maîtresse et de l'honneur avec l'amour. Voyons quelles sont les possibilités qui s'offrent à nous grâce à l'application de l'accent logique aux vers en question :

a) *Père*, maîtresse, honneur, amour.
b) Père, *maîtresse*, honneur, amour.
c) Père, maîtresse, *honneur*, amour.
d) Père, maîtresse, honneur, *amour*.

Le cas *a* suggère que toutes les conséquences sont dues au père. Le cas *b* suggère qu'avec une maîtresse on perd aussi bien le père, que l'honneur et l'amour. Le cas *c* suggère que l'honneur constitue la plus grande des pertes. Le cas *d* indique que c'est l'amour qui est la plus grande des pertes. Les combinaisons des accents logiques sont également possibles.

a) *Père*, maîtresse, *honneur*, amour.
b) Père, *maîtresse*, honneur, *amour*.
c) *Père*, *maîtresse*, honneur, amour.
d) Père, maîtresse, *honneur*, *amour*.

a) Don Rodrigue suggère qu'avec une maîtresse et l'amour on perd le père et l'honneur.
b) Il tient d'avantage à sa maîtresse et à son amour.
c) Le père et la maîtresse sont plus importants que l'honneur et la gloire.
d) L'honneur et l'amour sont plus importants que le père et la maîtresse

Bien évidemment, un certain nombre d'accents logiques sont aussitôt écartés car le sens qu'ils véhiculent n'est pas en accord avec l'objectif du personnage. Mais il reste un certain nombre de possibilités acceptables. Pour notre exemple de Rodrigue « soldat » et « amant » il n'est pas difficile de trouver ici des accents logiques.

Nous avons dit qu'en réalité les couples *père↔maîtresse* et *honneur↔amour* se trouvent en opposition. Pourtant, Corneille les a séparés à l'aide de virgules ; il s'agissait donc pour lui d'une sorte d'énumération. Interpréter sur scène une énumération serait pourtant insensé. Nous disposons à cet effet du *point de diction*.

Point de diction

Le metteur en scène ne respecte pas la ponctuation classique. Pour chaque discours du personnage, il se sert exclusivement de ce que l'on pourrait appeler *le point de diction*. Pour l'écrivain, la ponctuation sert à traduire le plus clairement possible le sens des paroles tout comme à suggérer le but qu'il veut atteindre avec le sens en question (par exemple valeurs poétiques,

tempo, rythme...). Don Rodrigue dit :
« Allons, mon âme ; et puisqu'il faut mourir,
Mourons du moins sans offenser Chimène. »

En respectant la ponctuation proposée par l'auteur on tombe facilement dans la déclamation. Même une action scénique correctement choisie - *l'acte de s'encourager soi-même* pour se sacrifier ou *l'acte de recueillir des forces* pour le sacrifice - ne nous préservera pas de la déclamation. Pour cette raison, imaginons les mêmes vers sans ponctuation :   « Allons mon âme et puisqu'il faut mourir
Mourons du moins sans offenser Chimène »

Entre chaque mot s'ouvre la possibilité d'intervenir avec la diction. Regardons à présent seulement un petit nombre de possibilités ouvertes par l'application du point de diction :
« Allons. mon âme. et. puisqu'il faut mourir. Mourons. du moins. sans offenser. Chimène. »
Ou :
« Allons mon âme et. puisqu'il faut. Mourir mourons. du moins sans. Offenser. Chimène. »

Le point de diction envisage la possibilité de mettre l'accent logique derrière un grand groupe de mots, ou un tout petit groupe de mots, voire même derrière un seul mot, et trouver ainsi plusieurs actions scéniques en accord avec l'objectif. Dans le premier exemple, nous étions proches de la ponctuation originale de l'auteur et aucune idée intéressante ne nous est apparue. Dans le deuxième exemple, en revanche, surgissent déjà plusieurs actions scéniques : *Allons mon âme et* se voit coupé de *puisqu'il faut*, ce qui apparaît comme une pensée insérée après laquelle *mourir mourons* représente un seul bloc. Ensuite, *du moins sans* remet en question le sens du bloc précédent ce qui laisse *offenser* en un état d'incertitude que casse le dernier mot, *Chimène*.

De cette manière, le metteur en scène parvient plus rapidement à plusieurs actions scéniques enchaînées, suivant le principe des renversements dramatiques, et fait surtout d'une phrase une suite d'actions scéniques et non de mots prononcés. À l'aide du point de diction, le metteur en scène pénètre dans le sens scénique du moindre petit mot. Il rompt du même coup avec la déclamation ou avec la recherche des sentiments correspondant au sens du mot prononcé par le personnage. Bien entendu, l'accent logique et le point de diction montrent toute leur valeur lorsqu'ils sont appliqués aux textes d'auteurs classiques et, surtout, aux textes versifiés. Il sera bien compris encore que le metteur en scène ne conteste pas, en recourant à ces techniques, la moindre petite phrase de Tchekhov ou de Beckett, mais il n'omet pas non plus certaines répliques clés dans les monologues complexes. Regardons la fameuse question d'Hamlet qui est possible par son action, tout en étant rhétorique.

« *Être* ou ne pas être, *telle* est la question. »
Hamlet a décidé d'être un battant – il exclut les autres possibilités.
« Être ou *ne pas être, telle* est la question. »
Hamlet n'a plus envie de vivre, il sent qu'il doit en finir comme un kamikaze.
« Être ou ne pas être, *telle* est la question. »
Hamlet comprend immédiatement quelle sorte de piège on lui tend, il raisonne en homme politique.
« Être ou ne pas être, *telle* est *la question.* »
Hamlet hésite, il est un philosophe.
À l'aide de l'accent logique et du point de diction apparaît toute une série d'autres possibilités ; tout ne dépend que de l' Hamlet nous aurons choisi[57].

Les obstacles créatifs

Pour chaque représentation, le metteur en scène effectue la meilleure répartition possible des rôles entre les acteurs. Chacun d'entre eux porte des vues différentes sur le théâtre, avec des expériences et des habitudes différentes... Il importe de les faire aboutir tous à un même résultat. La connaissance d'origine de nombreux clichés, vus et revus pour la énième fois, aide le metteur

---

[57] Nous avons repris les idées concernant l'accent logique et le point de diction de B. DJORDJEVIC, **Dikcija**, Univerzitet umetnosti, Beograd 1974.

en scène à « faire sortir » l'acteur hors de lui même...

Si le metteur en scène ne fournit pas à chaque acteur une action scénique initiale précise, la coopération devient plus difficile ; il n'y a pas d'échange donc pas de perfectionnement possible... L'indication initiale n'est pas la même pour tous les acteurs. Le metteur en scène propose aux uns les actions scéniques les moins importantes afin de leur suggérer celles qui ont le plus d'importance ; aux autres, dès le début, il propose aux autres les actions les plus importantes. Le metteur en scène connaît les traits de caractère de l'acteur pour savoir de quelle manière ce dernier interprétera le mieux son personnage. Il est important que l'indication puisse être mobilisatrice. C'est à partir d'elle que l'acteur commence à se « dévoiler » ; on voit s'il s'est approprié l'action scénique suggérée et s'il a commencé à rechercher pour elle un sens scénique, ou s'il cherche à lui imposer une vision déjà existante dans son « fourre-tout à trucs »[*].

Au cas où un acteur se précipite dans les stéréotypes, il importe de lui imposer toute une série *d'obstacles*. Il est important de faire barrage aux solutions qui jaillissent de la mémoire existante (ce que l'acteur fait souvent inconsciemment). Il faut occuper son attention à quelque chose, qu'un acteur en plus du jeu des actions scéniques, doit également parvenir à maîtriser. C'est ainsi que son attention ne recourra pas au souvenir du déjà-joué. Elle se concentrera à maîtriser quelque chose qui lui est inconnu.

Souvenons-nous des « ping-pongs » fréquents dans les scènes de comédies : l'acteur qui ne dit rien pose son regard en alternance sur l'un ou l'autre partenaire qui parle. Rare est celui parmi les acteurs qui résiste à la tentation de souligner que c'est lui qui joue la scène de « ping-pong ». Le principe paradoxal exige que l'on trouve une solution différente tout en conservant la nature de la scène. En introduisant la modification qui consisterait à regarder le premier puis le second partenaire, on remet ce stéréotype en question. Si l'acteur suit le dialogue en partageant son attention entre une pie posée sur le bord de la fenêtre et la frange du tapis, il deviendra plus naturel et plus ouvert aux

---

[*] Les cabotins sont maîtres en la matière : plaire rapidement au public et trouver des « résultats » faciles pour le personnage.

solutions inattendues.

Les obstacles créatifs forment un moyen permettant la suppression des clichés et représentent un exemple éloquent de la méthode paradoxale. Si en jouant par exemple une querelle, les acteurs s'envoient les uns aux autres menaces et injures, on reste dans le domaine du simple cliché. C'est pourquoi on supprime tout d'abord l'injure en tant qu'obstacle banal. En recourant au principe du contraste, on demande aux acteurs de jouer par exemple cette scène comme s'il n'existait pas de conflit entre eux ; ou, suivant le principe d'échange, on leur propose de s'injurier les uns les autres ou de faire autre chose allant dans le même sens ; ou, appliquant le principe irrationnel, on leur demande de se réjouir de la querelle...

Souvent, un acteur fait quelque chose mais n'existe pas du point de vue dramatique, parce que les actions qu'il exécute ne sont pas réellement des actions scéniques. Il ne fait que les simuler et c'est pourquoi le caractère dramatique fait défaut : il verse du thé dans une tasse, lit le journal, se réjouit des nouvelles qu'il vient d'entendre à la radio... Il existe, en tant que personnage, par la *fonction,* non de par l'*objectif.* Le spectateur sait qui il est et reconnaît ce qu'il fait mais toutes ces actions attendent d'être développées dans l'événement pour pouvoir gagner un sens dramatique. Dans *Hamlet,* Claudius et Gertrude arrivent avec leur suite. Claudius s'assied sur le trône. Ici, on voit bien qui il est et ce qu'il fait. On apprend ensuite le reste du développement de l'événement. Pourtant, l'action scénique paradoxale sous-entend par elle-même l'indétermination. Même lorsque nous savons ce que le personnage veut nous ne savons pas à l'aide de quelles actions scéniques il va réussir à réaliser son intention. Ce n'est que lorsque les actions scéniques auront « travaillé» leur indétermination que les surprises de l'événement gagneront en valeur ; nous ne pouvons parler de mise en scène que dans ce cas précis puisque l'indétermination se construit par le biais du jeu et non par le biais seul de la construction dramatique de la pièce. Chaque action scénique paradoxale résout l'indétermination de l'action précédente et en crée une nouvelle. Sans cela, la dimension dramatique de l'action scénique n'existe pas.

On obtient l'existence scénique du personnage en recourant aux *obstacles*. Stanislavski l'a senti et a compris l'importance du partage d'attention*. Quelque chose détourne sans cesse l'attention de l'acteur/personnage qui verse du thé dans une tasse, lit le journal, écoute la radio... Quelque chose que le spectateur voit ou ne voit pas, ce qui est sans importance. Il importe de savoir à quel moment une action est active du point de vue scénique. Le spectateur n'est conscient de rien d'autre que du besoin de comprendre cette action. Et chaque fois qu'il la reconnaît, l'action scénique suivante est déjà à l'œuvre.

Les acteurs des époques différentes se confrontaient spontanément, à travers l'histoire du théâtre, à l'obstacle à la création, au sens du partage de l'attention. La commedia dell'arte s'en servait en tant que moyen obligatoire**. Chaque personnage disposait de quelque chose qui attirait son attention et de quelque chose qui la détournait, c'est-à-dire qui l'empêchait. Il n'est pas exagéré d'avancer que l'acteur qui joue un personnage sans que son attention soit partagée, donc sans obstacle, du point de vue scénique, n'existe pas. Un tel acteur n'est qu'un mannequin par rapport au personnage de l'écrivain.

Il existe également toute une série d'obstacles beaucoup plus banals qui influencent le jeu de manière créative. Dès que l'on repère la tendance d'un acteur à recourir à une solution usée on fait aussitôt appel à un obstacle « profane ». On lui fait tenir un cigare allumé entre les dents, par exemple. On fait mettre à l'acteur qui gesticule une main dans sa poche ou on lui dit de la cacher sous sa veste tandis que l'on occupe l'autre main à faire quelque chose d'utile ou - en fonction du genre - apparemment inutile. Lorsque deux mains exécutent parallèlement les mêmes gestes, l'une s'occupera à exécuter une action physique détaillée (cette dernière exigeant l'attention) tandis que l'autre exécutera une action

---

*   Malheureusement, séduit par l'idée concernant les cercles d'attention,Stanislavski n'a pas développé ses idées sur la signification créative des obstacles.

**   Il ne faut pas oublier que pour le public de ce théâtre il était plus que difficile de garder l'attention en alerte :ce dernier était le plus souvent non instruit, ne disposait pas de sièges, et assistait au spectacle à la lumière du jour.

physique grossière (celle-ci perturbant l'attention). On coudra les poches de l'acteur qui se plaît à y fourrer fréquemment ses mains...

Bien évidemment, il est possible d'appliquer des obstacles sans pour autant qu'ils aient une signification créative. Il sera alors question d'un manque abusif d'imagination. Tous les obstacles créatifs, qu'ils soient « sacrés » ou « profanes », servent toujours à détourner l'attention de l'acteur, à le placer « entre deux feux », grâce à une des actions scéniques possibles. Les obstacles créatifs, en dehors du fait qu'ils obligent l'imagination à dépasser les stéréotypes, servent également à l'acteur à transformer en vertus de nombreux défauts.

L'improvisation

« Il existe mille manières d'improviser » dit Robert De Niro[58]. *Des manières*, il y en a certainement encore plus. Le metteur en scène s'intéresse pourtant aux nombreuses *raisons* qui mènent à l'improvisation. Il n'y en a que quelques unes[59].

Stanislavski ne recourait pas à l'improvisation au cours des répétitions de ses créations. Il y faisait appel dans ses études du jeu d'acteur, en salle de classe donc, avec un objectif pédagogique. On ne dispose pas, au moment de l'exercice, de l'ambiance scénique complète. Nous sommes obligés d'en imaginer une grande partie. Nous disposons d'un partenaire, de quelques accessoires et d'une partie des meubles... Nous nous servons d'actions sans objets et jouons comme si nous disposions de tout ce dont nous avons besoin. C'est le cas dans la salle de classe et au cours de la répétition nous faisons semblant. Il est sous-entendu que jouer dans une ambiance scénique qui n'existe que dans notre imagination, avec des accessoires inexistants dans les exercices qui servent à enseigner le jeu d'acteur, n'est même pas possible avec une partition d'actions scéniques préparée à l'avance. De là,

---

[58] Interview avec J. LIPTON, *Inside the Actors Studio*, In the moment productions LTD, 1998.
[59] H. CLURMAN, *On Directing*, A Division of Macmillan Publishing Co., Inc. New York 1974, p. 99-100

l'improvisation apparaît comme un moyen commode. On improvise afin que certaines actions scéniques se mettent, inconsciemment, à surgir. Il est plus facile par la suite d'en articuler d'autres, à partir d'elles. Stanislavski a trouvé pour l'improvisation la fameuse formule du « si »[60]. Dans *des circonstances données,* ce « *si* » incite à l'action.

Le travail sur une représentation est un processus conscient à la recherche d'un résultat. Afin de laisser ce résultat apparaître, il aura fallu bien élaborer au préalable les suppositions de l'action proposée en fonction des circonstances choisies et de l'objectif du personnage. De ce processus participe également l'inconscient humain. Quelqu'un épris de logique, au sens strict, poserait dans ce cas la question suivante : pourquoi rechercher le conscient à l'aide de l'inconscient ? Ou : comment faut-il créer inconsciemment une représentation ? Bien sûr, pour que l'utilisation de l'improvisation ait un sens, il nous faut trouver une meilleure définition[*]. L'expérience de ce que l'on appelle les laboratoires des années 60-80 où l'improvisation était la base d'une représentation possible, a montré, au fil de toutes ces années, que les représentations étaient devenues la dernière raison de l'existence des troupes. Ils ont ainsi transformé le travail sur la représentation en une représentation du travail. Le mouvement de « laboratoire » tout entier s'est dissout dans le para-théâtre. H. Clurman a éprouvé le besoin, du temps encore de l'explosion intense des laboratoires, de souligner que l'improvisation, ce n'est pas « faire n'importe quoi : les improvisations devront toujours être basées sur un plan ou un 'scénario' tracé par le metteur en scène, le but ou l'objectif qu'il cherche. Ce qui reste à l'improvisation c'est le chemin par lequel on atteint la finalité désirée »[61].

Nous considérons que cette remarque est importante car elle s'oppose à une opinion ancrée qui veut que l'improvisation

---

[60] K. STANISLAVSKI, *La formation de l'acteur*, chapitre *L'Activité*, Paris, Pygmalion, 1986.
[*] Ce n'est pas un hasard si l'improvisation est devenue un moyen du jeu social, de la psychothérapie, voire même d'un mouvement social en Occident.
[61] H. CLURMAN, *On Directing*, Collier Books, New York, A Division of Macmillan Publishing Co., 1974, p. 98.

remplace l'absence d'idée claire. Il n'est pas rare que le metteur en scène et les acteurs, lorsque leur imagination se trouve bloquée, lorsqu'ils perdent l'orientation dans la matière de la pièce, recourent à l'improvisation afin de trouver une solution salvatrice venue comme un cadeau du ciel. Les circonstances proposées et l'objectif ne leur suffisent pas. Si l'imagination ne nourrit pas les actions scéniques il faut réexaminer l'objectif et les circonstances proposées.

Dans la nature de la notion d'improvisation se cache l'idée de hasard. Et là où nous avons à faire au hasard - quelle que puisse être son utilité lorsqu'il se produit - nous ne pouvons pas compter sérieusement dessus. La dialectique de la coopération créative est complexe, mais lorsque le metteur en scène sait ce qu'il veut, même une solution momentanée qui ne le satisfait pas devient un repère à abolir, à transformer ou à perfectionner.

Dans ce cas, à quoi de bon peut servir l'improvisation ? Nous disposons sûrement de toute une série d'exercices qui apportent certains résultats. N'oublions pas que l'improvisation n'est qu'un genre d'exercice - moins infaillible que les autres ! - et qu'elle ne représente en aucun cas la recherche. Là où on se sert de l'improvisation comme d'une technique, l'art dramatique n'existe pas.

N'oublions pas que, en musique, ne peut improviser que celui qui connaît parfaitement bien l'instrument et la musique sur laquelle il improvise. De même, un acteur, pour pouvoir improviser, doit connaître parfaitement bien les moyens du jeu d'acteur, puis l'objectif et les circonstances proposées que lui fournit le metteur en scène, avec quelques actions scéniques clés de la scène. Ceci est suffisant pour mobiliser l'imagination.

H. Clurman distingue les improvisations *en lien avec le texte* et *celles sans lien* avec le texte. Les premières indiquant que l'on recherche le plus de ressemblance possible au texte. On y prend une situation et on la joue en recourant à ses propres mots et à son comportement. Ces improvisations ont pour « défaut » de tirer vers un seul genre le réalisme. Les improvisations sans lien avec le texte ont, elles, pour « défaut » de manquer de causes et de buts précis. On improvise quelque chose jusqu'à ce que quelqu'un ait la sensation que « quelque chose s'est produit ». Ces improvisations restent le plus souvent dans le domaine de l'abstraction. Le critère « en lien avec – sans lien avec » le texte ne garantit pas nécessairement au metteur en scène d'avancer dans son travail sur la représentation. On en revient de nouveau à la question : à quoi sert alors l'improvisation ? Essayons donc de lui rendre, comme en musique, sa fonction première.

Imaginons que nous soumettions de temps en temps toutes les solutions trouvées au cours des différentes phases à l'improvisation. Grâce à cela, on obtient une distance critique ; on vérifie, pour chacune des solutions, s'il reste encore une place pour l'insertion spontanée des actions scéniques. L'improvisation devient aussi critique, correctrice et finisseuse de la scène.

On retrouve des arguments pour une telle approche de l'improvisation au cours même des répétitions. Les acteurs ont tendance, au cours de différentes phases, lorsque les scènes sont suffisamment bien articulées, à pervertir le texte, à modifier les actions scéniques, à se tourner en dérision en jouant de manière non convenue. C'est le premier signe qu'ils se sentent à l'aise, qu'ils ont assimilé les circonstances proposées, qu'ils exécutent l'objectif avec aisance et qu'ils sentent les actions scéniques comme partie intégrante du personnage. Ce sont des phases dans lesquelles l'acteur laisse « le personnage se jouer de lui-même ». L'improvisation à partir du personnage et non à partir d'un intérieur irrationnel, voilà ce qui intéresse le metteur en scène. Lorsque le personnage est suffisamment « mûr », qu'il lui devient possible de se comporter différemment, le metteur en scène est sûr que l'imagination est assimilée à la base, le reste n'est que perfectionnement. Ce n'est que lorsque nous sommes capables de jouer avec la matière de la scène que nous gagnons le droit à l'improvisation.

Comme nous pouvons le voir, l'improvisation résultant de la richesse des actions scéniques possède des avantages sur celle qui résulte de leur pauvreté. Tchekhov a indiqué minutieusement l'ordre d'apparition des personnages dans le premier acte des *Trois Sœurs*. Une solution scénique est ainsi proposée pour tous les personnages. Les acteurs savent ce qu'ils doivent faire et ce qu'ils veulent. Imaginons une improvisation modèle : tous les acteurs sont en même temps sur scène à faire ce qu'ils devraient faire pendant leur absence. Ou alors : tous sont étroitement serrés les uns contre les autres mais ne se voient et ni ne s'entendent... Vladimir et Estragon s'interrompent mutuellement en répliquant au moment où cela n'a pas été prévu ; ils disent - peut-être même systématiquement - le texte en avance, en même temps, en retard l'un par rapport à l'autre. Une « confusion » se crée qui à coup sûr apporte sa contribution sans la forme de quelques actions scéniques supplémentaires ou quelques métaphores. Imaginons le Spectre du père d'Hamlet non plus en roi digne et en armure mais gigotant en tous sens afin d'attirer l'attention de son fils. Imaginons-le encore apparaissant à la mort d'Hamlet. Que ferait alors Hamlet ? Improvisons...

De ce type d'improvisation modèle naît toujours une idée nouvelle. En outre, et c'est le plus important, nous savons grâce à l'improvisation que nous avons assimilé le genre puisque nous sommes capables de nous déplacer facilement dans son espace intérieur en empruntant des directions encore inconnues. Improvisons donc, dans le seul but d'être sûr de ce que nous voulons et seulement lorsque nous avons déjà atteint un résultat satisfaisant. Ainsi, l'improvisation agit en fonction de notre idée et perfectionne notre travail qui se trouve déjà à un stade élevé de la création scénique.

L'intégralité du texte dramatique

La polémique autour de la question : faut-il jouer intégralement le texte d'un auteur ou est-il permis d'y intervenir ? - - en d'autres termes : a-t-on a le droit de le modifier et de le recouper ? - ne débute qu'avec l'épanouissement de la première génération significative de metteurs en scène. En Russie, Stanislavski s'opposait aux interventions, alors que Meyerhold fut un défenseur radical du texte en tant que prétexte. Les raisons de cette polémique furent doubles.

1. Jusqu'à la formation de la mise en scène comme langage artistique autonome, les textes des auteurs classiques se

jouaient majoritairement sous forme d'adaptations. Une des plus grandes victimes de cette tradition a été indéniablement Shakespeare. Chaque époque « l'entendait » à sa manière, le réduisait à « la mesure » de ses goûts, de sa morale et de ses mœurs et, pourquoi ne pas le dire, de sa liberté. Par chance, avec la redécouverte de la scène élisabéthaine (ce en quoi P. Brook joua un rôle « révolutionnaire »), on a rendu Shakespeare à lui-même et on le joue - du moins on essaie - suivant « sa mesure».

La polémique « faut-il jouer le texte intégralement ? » s'achève. On élimine du texte tout ce qui représentait un « clin d'œil » au public contemporain à l'époque de sa parution.

Ce sont souvent des « euphémismes encombrants, allusions locales et jeux de mots qui sont soit intraduisibles soit compréhensibles uniquement au public de l'époque de Shakespeare, pour qui les improvisations laissaient comprendre ou expliquaient des événements d'actualité »[62]. Nous éliminons donc du texte tout ce qui exige une note explicative de bas de page. Sinon, la moindre petite seconde d'incompréhension retire le spectateur du jeu et le contrat se rompt[*].

Malgré des allusions locales et des calembours aujourd'hui incompréhensibles, le metteur en scène n'élimine pas pour autant certaines scènes et personnages. Le Fossoyeur ou Osric dans *Hamlet*, le Portier dans *Macbeth*, « le maître » dans le *Songe d'une nuit d'été*, la Nourrice dans *Roméo et Juliette*... maintiennent l'équilibre de la perception shakespearienne d'un genre qui orne la tragédie d'une touche grotesque et vice versa. Il n'est donc pas contestable de « nettoyer » le texte des éléments incompréhensibles au public d'aujourd'hui. Il est contestable de ne pas être au niveau de l'intelligence artistique de l'auteur.

2. La polémique sur les interventions dans le texte d'un auteur n'a pourtant pas débuté avec l'éthique de la relation

---

[62] M. FOTEZ, *Integralnost teksta i nepovredivost dramaturske strukture u interpretaciji Sekspirovih dela*, dans T. Sabljak, *Tetatar XX stoljeca*, MH Zagreb 1971, p. 315.

[*] Il n'est pas inutile de le souligner : le public « intelligent » ou « bête » n'existe pas ; il n'existe que des actions scéniques claires ou confuses.

aux auteurs classiques. Elle est née à partir des auteurs vivants. Ceux-ci se mêlaient souvent au travail de la mise en scène (de là, la plaisanterie entre metteurs en scène qui aime parler de « contemporains morts »). Cette polémique, à la différence de la première, n'est pas encore achevée.

Nous pouvons évoquer Samuel Beckett, exemple éclatant de l'auteur qui entravait la mise en scène. Ses didascalies précises pour chaque pièce - si le metteur en scène en tient compte - mènent vers une simple illustration du texte dans l'espace. Les représentations mises en scène par Beckett lui-même n'ont été rien d'autre qu'une transposition simple du texte dans l'espace. L'insistance rigide de Beckett pour que l'on respecte toutes ses indications ne fit que confirmer (aussi bizarre que cela puisse paraître) le fait qu'il ne comprenait pas le but de la mise en scène de la pièce.

Étant donné que le metteur en scène a pour but l'interprétation de l'aspect dramatique de la pièce et qu'il ne dispose que des actions scéniques à travers lesquelles s'expriment les personnages (aussi bien les personnages imaginaires que les objets personnifiés), la polémique en question pourrait être close. Il appartient à l'auteur d'englober la matière dramatique de la pièce, et au metteur en scène de trouver à cette matière, à travers des actions scéniques, l'aspect dramatique dans l'événement scénique.

Nous mentionnons un exemple en réponse à l'ensemble du phénomène. Michael Benthall, metteur en scène connu qui a gagné ses galons en montant les pièces de Shakespeare, n'a déplacé la seconde scène du second acte d'*Hamlet* que de quelques vers en avant. Grâce à cela, Hamlet entend l'accord établi entre Claudius et Polonius. Il est inutile de souligner combien l'aspect dramatique de l'événement y gagne, le futur comportement à venir d'Hamlet étant ainsi enrichi. C'est une chose s'il connaît l'existence du « complot » et se mesure par rapport à cette évidence, et une autre s'il en est une victime.

En résumé, retenons que : *a)* le nettoyage des éléments incompréhensibles du texte est indispensable et *b)* les interventions dans la dramaturgie de la pièce, afin de l'enrichir, sont souhaitables. Prenons à présent dans le *Cid* quelques exercices pouvant servir de modèle.

Exercice 1 : Qu'est-ce que gagne l'aspect dramatique du *Cid* si on joue tout d'abord la scène 7 du premier acte (scène que l'on appelle « happy end »), puis la pièce dans son ensemble ?

Exercice 2 : Qu'est-ce que gagne l'aspect dramatique du *Cid* si on joue l'acte I dans cet ordre :

a) scène 4 (entre Le Comte et Don Diègue, avec la scène de la gifle à la fin),
b) scène 5 (la demande de Don Diègue d'être vengé par son fils Rodrigue),
c) scènes 6 (monologue de Don Diègue) et 7 (monologue de Don Rodrigue),
d) et enfin scènes 1, 2 et 3 du premier acte ?

Nous sommes convaincu que très souvent une intervention simple dans l'ordre des scènes ne modifie en rien la signification du matériau dramatique de l'auteur, mais gagne en puissance de l'aspect dramatique.

Le jeu dramatique au théâtre et au cinéma

Avec le cinéma, apparaît un nouveau genre d'acteur. Un acteur sans expérience peut interpréter le rôle principal d'un film alors que le théâtre ne lui confiera qu'un rôle mineur. Les acteurs non-éduqués, « naturels », sont un phénomène du cinéma. Le metteur en scène d'un film ne les choisit pas pour leur talent mais pour leur apparence extérieure. Ils doivent correspondre, par leur aspect extérieur uniquement, à l'idée que le metteur en scène se fait du personnage[63].

---

[63] Il est surprenant que dans le domaine du jeu cinématographique, ne se soit pas opérée une évolution importante au sens méthodologique depuis la parution des livres de V. TOURKIN, *Kinoakter*, Tea-Kino-Petchat, 1929. et V. PUDOVKINE, *Akter v filme*, G.A. Iskusstvo znania, Leningrad, 1934. Jusqu'ici, ils n'ont pas été traduits et ne sont toujours pas dépassés.

Le théâtre provoque le contraire: l'acteur est choisi pour son talent, le reste n'étant qu'une question de masque. Il est primordial qu'en tant qu'interprète du rôle il soit *transformable*, capable de se métamorphoser d'un personnage en un autre, sans avoir à ressembler physiquement à aucun d'entre eux. Au théâtre, nous avons pris l'habitude de voir les jeunes filles et les jeunes hommes interprétés par des acteurs d'un « certain » âge. Les rôles complexes exigent l'expérience et une connaissance ordonnée de la profession, le talent restant sous-entendu.

De même, nous savons par expérience que les débutants au théâtre s'interprètent toujours *eux-mêmes dans le rôle du personnage*. Ce constat nous ramène à ce thème : faut-il adapter le personnage à soi-même ou faut-il s'adapter soi-même au personnage ? La première solution est accessible à n'importe quel acteur, la deuxième n'est accessible qu'à un acteur confirmé. Déjà, Stanislavski avait remarqué la différence entre le fait de *jouer soi-même dans des circonstances données* et le fait de *jouer le personnage dans les circonstances en question*. Nous ajoutons à cela une simple nuance : *jouer soi-même* et *adapter le personnage à soi-même* sont deux choses distinctes dans la mesure où l'adaptation du personnage laisse l'impression qu'il s'agit d'un jeu « réaliste ». Dans le langage courant des cinéastes, on parle même de manières « cinématographique » et « théâtrale » de jouer. Ceci s'applique bien évidemment lorsqu'un acteur de cinéma joue au théâtre et qu'un acteur de théâtre joue dans un film. D'un point de vue formel, les débutants et les acteurs sans éducation professionnelle s'interprètent toujours eux-mêmes à travers le personnage, tandis que les acteurs professionnels savent comment il faut interpréter un personnage.

Si nous parvenons à mieux démêler la zizanie qui s'est créée autour de cette erreur, nous nous apercevrons qu'au niveau de l'exigence professionnelle il s'agit quasiment de deux antinomies. Dit en abrégée, l'acteur au théâtre joue l'action scénique tandis que dans un film cette dernière est « jouée » par le metteur en scène. Sur la scène du théâtre, l'acteur est contraint de jouer l'objectif du personnage, la fonction restant sous-entendue. Dans un film, il lui est possible de jouer uniquement la fonction du personnage tandis que le metteur en scène s'occupe de l'objectif et détermine les actions scéniques. Nous espérons ne pas être accusé de la volonté de nuire, mais nous trouvons la preuve principale de cette affirmation dans les films utilisant des enfants ou des animaux : personne ne prétendrait que Lessie, avant de revenir à la maison ou E.T., conceptualise au préalable l'objectif du personnage et cherche à lui trouver des actions scéniques les plus imaginatives. De même il serait absurde d'avancer que les enfants vivent profondément ce qu'ils jouent. Bien au contraire, chaque fois que les enfants doivent exprimer les sentiments d'un personnage ils n'ont pas l'air très convaincants.

Imaginons que les metteurs en scène aient choisi le motif de l'oiseau de mauvaise augure dans les pièces qui servent de base à notre travail. Par un froid vif, dans un brouillard se sublimant en glace, Hamlet, gêné par des corbeaux, ne voit pas bien le Spectre. Un des oiseaux, effrayé dans son vol, a failli le heurter au visage. Hamlet ne parvient à bien voir qu'après avoir chassé les corbeaux qui protégeaient le Spectre. Une telle scène est impossible à réaliser au théâtre sans que l'acteur n'ait à jouer des actions sans objet, sans que les oiseaux soient joués par le son ou des poupées...

Dans le film, le metteur en scène dispose de vrais oiseaux - ou d'oiseaux truqués, peu importe, l'impression restant la même - mais aussi : du cadrage, du panorama, du travelling, de la coupure au montage. Ceci nous renvoie aux exemples de l'analyse comparée du théâtre, du film et de la télévision. La conclusion suit : le metteur en scène crée, à l'aide des moyens à sa disposition, *l'action scénique*. Hamlet scrute l'obscurité, a peur ou chasse les corbeaux, s'approche, bat en retraite... Entre toutes ces actions physiques, le metteur en scène introduit le brouillard, les bottes qui glissent sur la glace, les oiseaux, le Spectre caché... Dans le film, le jeu de l'acteur fait partie de l'action scénique dans son ensemble.

Imaginons que les vautours accompagnent Œdipe du début à la fin ; il y en a toute une volée au début alors qu'à la fin, lorsqu'il s'aveugle, un griffon solitaire l'attend. Nombre de possibilités s'offrent à l'imagination d'un réalisateur. Au théâtre, lors de la première apparition des oiseaux (par exemple, à l'aide d'un son) l'acteur se plongera dans ses pensées ; dans la dernière scène, il pressentira le griffon solitaire avant même que ce dernier ait le temps de se manifester. Si le metteur en scène organise différemment la pensée d'une scène cinématographique, la signification de son action scénique est égale à la signification théâtrale.

Les trois sœurs de la pièce de Tchékhov se réjouissent du spectacle d'un vol de canards sauvages revenant du Sud. Pour mieux le contempler, elles sont sur la pointe des pieds... Peut-être même, entonnent-elles un chant d'amour sur les canards qui reviennent alors que le bien-aimé, lui, ne revient pas[*]. Dans le quatrième acte, les canards retournent vers le Sud. Les sœurs, à nouveau sur la pointe des pieds, scrutent le ciel... Cette fois, c'est un des officiers qui entonne un chant. Elles demeurent muettes... Pour un film le metteur en scène construira la scène en cadrant un à un les visages, puis tout le groupe, le vol des canards, les jambes et les talons des femmes, et les bottes militaires qui s'enfoncent de plus en plus profondément dans la boue provinciale.

L'idée apparaîtra clairement : plus elles scrutent le ciel, plus elles s'enfoncent dans la terre. La signification de l'action scénique du début et de la fin (*souhaiter la bienvenue* aux oiseaux, leur dire *adieu pour toujours*) sera la même pour le théâtre et pour le cinéma.

Dans *En attendant Godot*, un rossignol voulant attirer l'attention de Vladimir et Estragon chante de temps en temps. Eux ne l'entendent pas. Quand ils décident de s'en aller, le rossignol meurt et tombe à leurs pieds. Ils l'écartent comme si de rien n'était et poursuivent l'action scénique en cours. Le metteur en scène d'un film peut consacrer plusieurs cadrages au rossignol qui s'intéresse à eux malgré qu'eux ne se soucient pas de lui. Il peut même observer toute la scène à partir du cadrage subjectif du rossignol. Bien qu'au théâtre cela soit difficilement réalisable, la signification des actions scéniques reste la même : Vladimir et Estragon *s'occupent* de la « non vie ».

---

[*] Chant populaire Russe « Letat utki »

Supposons que Chimène dans la première scène du *Cid* nourrisse une tourterelle. Elle est envahie - résultat du choix paternel - par le soupçon d'une issue défavorable. Elle perd la tête - elle *accuse* alors Elvire - et oublie un instant de refermer la cage. Un chat attaque l'oiseau dans la cage. On parvient à la tension dramatique en rendant Chimène aveugle au présage. Dans un film, le chat dispose de toute une série de plans. L'idée de la scène restera la même bien que les actions scéniques soient différentes. Le public au théâtre reçoit tout par rapport à l'ambiance scénique - l'oiseau, le chat, la porte fermée...- et le jeu des acteurs. Le spectateur au cinéma contemple tout avec les yeux d'Elvire, de Chimène, de l'oiseau, du chat...

Conclusion : on obtient la même signification scénique à l'aide d'actions scéniques différentes. Pourquoi ?

Pour le metteur en scène d'un film, l'acteur ne représente qu'une partie de l'action scénique. Il n'est pas son unique représentant. C'est pourquoi il suffit qu'il indique à l'acteur *l'action physique* et *l'état psychique* dans lequel il aimerait que le personnage soit interprété. Il n'est pas rare qu'il donne aux acteurs des indications qui n'ont aucun lien avec le thème du film. Il dit : « Regarde par la fenêtre, puis écarquille subitement les yeux ! » Il montrera ce regard aux yeux écarquillés après la séquence d'une voiture prenant un virage à forte allure, celle d'un enfant courant dans le sens opposé et glissant sur le trottoir... Le thème de la scène aurait pu être : le nouveau voisin est un homme bizarre, la rue est couverte de givre, quelqu'un lui a volé sa voiture... Au théâtre, l'acteur doit jouer plusieurs actions scéniques afin que le spectateur puisse « voir » aussi bien l'enfant que sa chute, l'automobile engagée à toute vitesse en train de perdre le contrôle dans le virage...

Il est important de remarquer ceci : le metteur en scène d'un film et le metteur en scène de théâtre recourent à des indications complètement différentes afin d'obtenir la même signification de la scène. Qui plus est, les indications qui permettent au réalisateur d'obtenir le résultat désiré se montrent par rapport au résultat théâtral tout à fait anti-productifs. Elles induisent l'acteur à l'action physique et à la recherche des sentiments au lieu de lui suggérer une action scénique (qui pourra, elle, produire des sentiments sincères).

Le metteur en scène d'un film réalise la tension dramatique - entre autres - à l'aide des cadres subjectifs de la caméra. Chaque plan correspond au regard de quelqu'un à l'intérieur des circonstances scéniques. À l'occasion de la première rencontre, après avoir reçu le message de son père par l'intermédiaire du Spectre, Hamlet scrute les mains de Claudius, celles de sa mère posées sur son ventre, et contemple sa nuque sensuelle... Eux observent la main d'Hamlet posée sur la garde de l'épée... Quelques cadrages courts et l'action scénique de la provocation *du soupçon* devient claire. Pour eux, il est important de savoir si Hamlet sait quelque chose. Pour Hamlet, ce qui importe est de les déstabiliser. Au théâtre, le soupçon doit être interprété par des acteurs moyennant les actions scéniques et non les cadrages dans lesquels seraient également présents...des acteurs. Partant du principe du paradoxe, nous nous interrogeons : Que fait Hamlet lorsqu'il provoque le soupçon ? Hamlet pourrait, « en signe de respect », déposer subitement un baiser sur la main meurtrière de Claudius en gardant longtemps ses lèvres collées contre le dos de sa main jusqu'à ce que ce dernier soit saisi d'un sentiment désagréable et commence à s'agiter. Puis il transporte de manière ostentatoire « l'empreinte » restée sur ses lèvres sur la nuque de la Reine. Après la réaction de sa mère, il finit par déposer un baiser sur sa main qui tombe « mécaniquement » sur la garde de l'épée. La provocation du soupçon est ainsi complète.

Il est possible de réaliser le film tout entier avec à peine deux personnages qui ne se rencontreront pas une seule fois pendant le tournage. Grâce au montage, ils peuvent même « jouer » une scène d'amour passionnel. Si nous nous rappelons la nature de l'action scénique au théâtre, une telle situation est tout simplement impossible. Le film se satisfait des actions physiques et des états psychiques, ce qui, au théâtre, reste à moitié dit. De là, on comprend facilement que la plupart des films ne sont que du théâtre filmé (les acteurs exécutent des actions scéniques que le metteur en scène n'accompagne qu'avec l'image). Inversement, de nombreuses représentations sont construites à partir de scènes de film (les acteurs jouent les actions physiques et les états psychiques).

La répétition

« Dans la compréhension même de l'idée (on pense à l'élaboration de tous les facteurs de l'événement scénique, du conflit scénique et de l'action scénique) il existe deux points de vue opposés.

Le premier considère que l'idée se forme au cours du processus de la création d'une représentation et qu'en détenir à l'avance une conception est inutile. La conception de la représentation se forme pour ainsi dire de manière empirique et, moins le metteur en scène qui aborde son travail avec les acteurs est préparé, meilleur sera l'impact sur les résultats de son travail.

Le second point de vue - qui s'oppose directement au premier - se réduit à l'idée que le metteur en scène, bien avant le début des répétitions, doit avoir une vision absolument précise de la représentation future, et cela jusqu'au moindre détail. L'idée de la future représentation doit être claire, comme pour un projet technique, et ne pas supporter des situations hasardeuses et des modifications survenant au cours de sa réalisation »[64].

G. A. Tovstonogov mentionne deux cas extrêmes. Le premier sous-entend que les répétitions représentent absolument tout, tandis que le second ne voit dans les répétitions qu'une simple finalisation technique de tout ce qui a été conçu lors des préparations préalables du metteur en scène. Actuellement, on rencontre les deux extrêmes, surtout dans le théâtre non dramatique.

Bien évidemment, le metteur en scène, au cours de son travail préparatoire, doit définir sa perception de l'aspect dramatique de l'œuvre. Il serait tout à fait irresponsable de se présenter à la première répétition sans avoir auparavant conçu, minutieusement, la stratégie permettant de mobiliser l'ensemble

---

[64] G.A. TOVSTONOGOV, *Krug misleï*, chapitre « Studia misli », Moskva, Progress, 1976.

des collaborateurs, en fonction de l'aspect scénique choisi par le metteur en scène. Va-t-il leur dévoiler sa vision de l'événement scénique ou les y orientera-t-il progressivement. Cela ne dépend que de sa stratégie personnelle. Il est exact que ceux qui coopèrent à la réalisation d'une pièce, et surtout les acteurs, ont tendance à aller trop vite vers le résultat final, autrement dit vers des stéréotypes validés. Mais il n'est pas exact que le metteur en scène considère sa vision personnelle comme les draps de Procuste. La représentation est une création de tous, une création collective, mais ce n'est pas le cas de la mise en scène. Le metteur en scène peut suivre une stratégie dans laquelle ses collaborateurs auront le sentiment de participer à la définition de l'idée d'événement scénique. Mais même pour une telle stratégie le metteur en scène doit concevoir à l'avance les moyens tout à fait précis et fermement définis dont tous se serviront afin que - à l'intérieur d'un même aspect scénique - ils puissent donner le maximum de leur imagination. C'est en cela que la méthode des actions scéniques paradoxales devient novatrice : elle élimine, dès le début du travail avec ceux qui coopèrent à la réalisation d'une pièce, les stéréotypes et indique des solutions initiales qu'il s'agit de développer. Sans solutions initiales, la mise en scène est absente des répétitions. De même, si les solutions initiales restent également des solutions finales, on ne peut pas parler de mise en scène. Les répétitions correspondent donc à la deuxième phase du travail du metteur en scène. Dans la première, le metteur en scène travaille sur la pièce sans aucun intermédiaire, tandis que dans la seconde, il travaille avec la pièce en tant qu'intermédiaire entre elle et ceux qui coopèrent à sa réalisation. De là, la répétition en tant que forme de l'extériorisation de ses idées apparaît comme un genre de stratégie. Au cours de la première phase, la stratégie n'existe jamais puisque le metteur en scène n'a aucune raison de se l'appliquer à lui-même.

Dans notre travail, nous avons mis en avant ce à quoi le metteur en scène doit penser à l'avance, quel effort de création il doit investir avant d'affronter la troupe. Ce travail est le seul à pouvoir le préserver de situations inconnues qui le guettent, des habitudes et idées diverses de chacun de ses collaborateurs. Mais lorsque, au cours de la répétition, il aperçoit une meilleure solution pour son aspect dramatique, il doit également savoir à partir de quel moment il peut évoluer en fonction d'elle. Il est souhaitable que la troupe soit « vierge » face au texte, mais en aucun cas le metteur en scène.

On répartit de manière procédurale les répétitions en répétitions de lecture, de plateau, techniques et générales. Les premières se déroulent autour d'une table, les secondes sur le plateau, les troisièmes correspondent à la coordination de tous les facteurs de la représentation et finalement les quatrièmes constituent la création de l'ensemble de la représentation à travers le jeu. Une telle répartition est à caractère technique et elle est utile au secteur de la production. Pour le metteur en scène, les répétitions ont un sens différent.

La notion même de répétition théâtrale porte en elle le sens de la répétitivité. Quelque chose se voit répété jusqu'à ce que le résultat soit atteint. Mais qu'est-ce que l'on répète ? Nous disposons de trois notions : *a) la recherche*, *b) l'essai* et *c) l'exercice*. Chacune d'entre elles sous-entend que l'on dispose à l'avance d'une certaine idée qui, à travers la recherche, l'essai, les exercices, doit apporter un certain résultat. Le metteur en scène répartit donc les répétitions en trois genres.

a) Les répétitions *de recherche* servent à concevoir une solution initiale comme prémisse. Prenons comme exemple la recherche du style dans la scène où Hamlet s'adresse aux acteurs. D'après Shakespeare, il leur donne des instructions sur la manière dont ils devraient jouer ainsi que des exemples de jeu à éviter. En fonction du style que le metteur en scène aura choisi pour l'événement scénique, l'exemple du mauvais jeu pourrait correspondre à un autre style de jeu. Quant à savoir lequel, c'est ce que la recherche peut définir. En même temps, le metteur en scène ne perd pas de vue l'aspect dramatique de la « souricière ». Si les acteurs jouent exactement comme Hamlet leur a indiqué et dans le style de l'ensemble de la représentation, alors il ne s'agira que d'une simple exécution de la fonction de la scène proposée par Shakespeare. Si, au contraire, ils la jouent dans un style différent, hésitant au début, et la jouant de plus en plus sûrement vers la fin,

Claudius sera plus encore exposé à ses tourments. Il est beaucoup plus dramatique dans cette scène - en fonction du paradoxe - de se soucier de l'insuccès des acteurs que de savoir si Claudius va révéler son crime. C'est ainsi que les propos instructifs d'Hamlet se présentent beaucoup plus comme un persiflage sur le compte du mauvais jeu, que comme une instruction sur le jeu dramatique moderne. Des recherches peuvent le confirmer et établir aussi que les acteurs joueront cette scène dans un style qui surprendra Hamlet lui-même. Car si la scène se rapproche de plus en plus du trône de Claudius et devient de plus en plus intime on aura ainsi une triple surprise : Claudius qui révèle son crime, Hamlet qui se voit surpris par l'art des acteurs et par leur style, et également l'obtention d'un style qui pourrait être réutilisé dans le jeu à plusieurs reprises avant la fin de la tragédie, lorsque cela conviendra au personnage d'Hamlet.

On voit que les répétitions autour de la recherche stylistique de chaque scène peuvent révéler toute une série d'inconnues pour l'aspect dramatique à partir de la solution initiale concrète qui apparaît dans des exemples donnés par le metteur en scène.

b) Une série *d'essai* amène le résultat de la recherche à l'articulation exprimant le plus intensément la richesse des notions de l'aspect dramatique. Ici, les répétitions épuisent minutieusement toutes les possibilités de la scène, évitant l'absence de rapport sur le plateau d'une seule chose ou d'une seule personne pour la même fonction. Une fois qu'il a été décidé que la « représentation dans la représentation », par exemple, sera jouée de manière intimiste, les répétitions de l'essai cherchent une place pour chaque participant de la scène. De quel groupe fait-il partie, quelles sont ses actions scéniques, à quel moment est-il en contact avec l'une ou l'autre personne, quels sont ceux qui réagissent, comment et à quelle phase de la scène, etc. Tandis que les répétitions de la recherche cherchent l'idée la plus appropriée pour une scène, les répétitions de l'essai donnent une forme à cette scène.

c) Les répétitions de *l'exercice* servent à assimiler par le jeu (à s'entraîner à) la solution choisie. En d'autres termes, donner à la scène à travers l'exercice une forme unique et une expressivité totale. L'entraînement ne sert pas uniquement à orchestrer les acteurs entre eux. Au cours de ces répétitions, on effectue également par le jeu l'assimilation des participants à l'espace et à tous les éléments acteurs dans le champ du jeu. Pour ce type de répétition, la présence de l'assistant à la mise en scène est parfois suffisante.

Stanislavski était convaincu que toutes les répétitions constituent une recherche permanente. Il n'est pas étonnant qu'un grand nombre de ceux qui ont suivi ses idées ait fini dans des laboratoires théâtraux. Stanislavski recherchait la vérité scénique. Le metteur en scène d'aujourd'hui sait que c'est lui qui pose les conditions de la vraisemblance et qu'il n'est pas obligé par conséquent de considérer toutes les répétitions comme étant de laboratoire. Il traverse le laboratoire de manière intérieure, au cours de ses préparations à lui. Il dispose de trois genres de répétitions qui, s'il parvient à les concevoir correctement, conduisent plus rapidement et sans intermédiaire vers les solutions scéniques. Grâce à cela, il a plus de temps créatif. Le metteur en scène qui ne distingue pas ces trois types de répétitions de façon suffisamment disciplinée s'expose au danger de passer la période de répétitions en confondant recherches, essais et exercices. Il ne contrôlera pas assez précisément le travail sur l'ensemble des scènes. C'est ainsi que nombre d'entre elles restent exprimées à moitié, sans une claire unité stylistique et une plénitude conceptuelle de l'aspect dramatique. Les représentations, où l'on retrouve à peine quelques métaphores - le reste n'étant qu'un échange de répliques entre les acteurs - ne sont pas rares. Le principe *sumatraïste*, au contraire, nous suggère que la représentation se compose de nombreuses métaphores et ne se limite pas seulement à quelques-unes.

La différenciation des trois types de répétitions permet au metteur en scène de faire un diagnostic, dans chaque phase du travail avec la troupe, qui l'aide à définir où il se situe par rapport aux résultats attendus, autrement dit à percevoir les « points aveugles » ; à reconnaître l'authenticité de tout ce qu'il aura trouvé et à insuffler la vie à chaque solution en accord avec la représentation dans son ensemble. Le metteur en scène qui lors de chaque répétition confond ces trois différents types de travail court le risque de ne pas utiliser intégralement le temps de travail dont il dispose avec la troupe. Il peut confondre un résultat avec la solution, la solution avec l'expressivité, l'expressivité avec l'assimilation optimale par le jeu.

Nous n'allons pas développer ici ce que l'expérience ajoute aux répétitions, quand et à quel moment favorable le metteur en scène doit annoncer quelque chose afin de produire un effet utile ; ne pas dévoiler trop tôt ce qu'il a à communiquer, bloquant ainsi l'imagination de ceux qui travaillent avec lui, ni trop tard laissant ainsi les solutions s'exprimer à moitié. De même, nous déléguons à l'expérience la manière de choisir les stratégies dans le travail avec les acteurs. Souvent, une stratégie dépend des expériences précédentes des acteurs mais aussi de leur caractère. En tout cas, le travail avec la troupe n'est pas un simple échange d'idées que l'on perfectionne ensemble. Souvent de petites ruses, l'invention d'exercices, en tant que séries d'obstacles s'opposant aux habitudes ancrées et aux stéréotypes, mènent à des résultats nouveaux et inattendus. C'est pourquoi nous reléguons l'orientation dans les stratégies du travail à l'expérience, à la bonne estimation et à la bonne connaissance des partenaires.

Vérification des résultats de chaque répétition

Une répétition, a-t-elle été réussie ou non réussie ? Pour répondre à cette question nous pouvons recourir à un questionnaire très simplifié se référant à chaque scène à part.

Selon l'authenticité :
dramatique
avec imagination + sans imagination
non dramatique

Selon les moyens :
assurés
superficiels + réfléchis
recherchés

Selon la signification :
sobre
simple + complexe
répandue

Les solutions que nous avons trouvées peuvent être, du point de vue de *l'authenticité,* dramatiques mais sans imagination ; imaginatives mais non dramatiques ; dramatiques et imaginatives ; non dramatiques et sans imagination. Nous entendons par authenticité l'originalité des actions scéniques trouvées. Celles-ci peuvent êtres vues pour la millième fois tout en restant dramatiques tout comme elles peuvent être découvertes pour la première fois tout en étant non dramatiques. C'est la raison pour laquelle le metteur en scène découvre facilement de quel côté il doit chercher la solution correspondant à la phase de travail dans laquelle il se trouve. Doit-il continuer à effectuer des recherches, doit-il procéder à un essai, doit-il modifier les solutions existantes... ? Ou alors devrait-il se satisfaire de la forme trouvée ?

Selon les *moyens,* les solutions peuvent être stéréotypées et superficielles ; stéréotypées mais approfondies ; recherchées mais superficielles ; recherchées et approfondies. Nous entendons par moyens l'utilisation de diverses techniques pour la construction de l'aspect dramatique. Pour la scène du duel à la fin d'*Hamlet,* on peut inventer une scène inconnue que l'on appellerait « scène d'action » comme une scène connue mais améliorée de quelque chose jamais vu jusqu'alors. Il est beaucoup plus difficile de trouver des moyens soigneusement réfléchis et nouvellement découverts pour les scènes dans lesquelles la tension dramatique ne se construit pas sur un important recours à l'apparence physique. Si Ophélie, dans la scène de la folie, réussit à faire chanter tout le monde, de toute évidence il sera question de techniques de recherche bien conçues.

Les *significations* dans une scène peuvent être sobres mais simples ; sobres et complexes ; simples et répandues ; complexes et répandues. C'est dans la nature même de l'action scénique d'être simple mais complexe par la signification relationnelle. Pour cette raison, sa complexité s'exprime par la mise en contexte des autres actions. Si la colère sur scène, comme elle d'Œdipe contre Tirésias par exemple, ne signifie rien d'autre quelle-même, le personnage n'a pas progressé dans sa complexité. L'action scénique de la colère pourra jouer de variations infinies sans pour autant qu'elle en soit enrichie. On obtient la complexité des significations scéniques en utilisant des actions scéniques dissemblables dont le rapport avec les autres actions scéniques produit des significations complexes. Si Œdipe se met en colère contre Tirésias et se rappelle lui-même au calme aussitôt après, on obtient une signification complexe qui est le produit même des actions scéniques simples. Ici, nous sommes arrivé à l'étape nommé *sumatraïsme*, ou technique de la *métaphorisation*..

Le *Sumatraïsme* comme technique de *métaphorisation*

Ce que dévoile une métaphore est plus transparent que les mots. Antonin Artaud le savait lorsqu'il rêvait de son théâtre de la cruauté[*]. A. D. Popov disait que, sans les solutions métaphoriques, la vie est très facile pour le metteur en scène[**].

Si, au début des *Trois Sœurs* on voit une branche d'arbre couverte de son premier feuillage, le choix même de l'arbre représente un *symbole*. C'est une chose que de choisir un chêne centenaire et, une toute autre que de se décider pour un arbre planté à l'automne. Au cours de la représentation cet arbre vieillit. À la fin du quatrième acte, il se vide de sa sève. Imaginons les trois sœurs ressemblant dans la scène finale à un tronc asséché alors qu'au début nous pouvions les assimiler à des branches couvertes de feuilles. On peut obtenir cet effet moyennant le jeu des personnages autour de l'arbre lui-même, moyennant les costumes, la scénographie, l'éclairage... Ce qui importe, c'est d'accompagner et de faire évoluer l'arbre et les sœurs à travers la pièce. De même, imaginons la scène initiale d'*Œdipe roi* : il pénètre sur scène alors qu'autour de lui, partout, on porte des pestiférés et des morts de la

---

[*] C'est le sens même de son **Premier manifeste** ; voir A. ARTAUD, *Œuvres complètes*, Paris, Gallimard, 1974.
[**] Cité d'après G.A. TOVSTONOGOV, **Krug misleï**, chapitre *Studia misli*, Moskva, Progress, 1976.

peste. Si, dans la dernière scène, ces mêmes morts et pestiférés se présentent à lui, aveugle il éprouvera pourtant le désir de les voir. Il peut, au contraire, être heureux de ne pas les voir mais de sentir leur présence.

Tout ce que l'on place dans l'« espace vide » de la scène peut avoir une signification symbolique. Ce n'est pourtant pas une règle obligatoire. La métaphore est obtenue à travers l'action. La confusion entre le métaphorique et le symbolique mène souvent le metteur en scène à la superficialité. Il est facile de monter *En attendant Godot* sous le chapiteau d'un cirque. D'un point de vue symbolique tout est apparemment dit ainsi (tout est cirque) mais tout n'est pas encore joué. La *sumatraïsation* est pour le metteur en scène une relation de réciprocité de tous les éléments de la représentation. La *métaphorisation* est le fait de donner un sens à ces relations à l'aide de *l'action scénique*. Si Estragon saute, attrape le sommet du tronc, y réussit alors qu'il n'y parviendra plus lorsque la première feuille apparaîtra, le personnage se *métaphorise* : il est vidé de ses forces. Vladimir au contraire, ne réussit pas la première fois mais réussit à la seconde tentative. Il gagne en force.

Le *sumatraïsme* est une technique permettant qu'un signe se relie à n'importe quel autre, que tout, sur le plateau, soit lié à tout. Elle permet au metteur en scène, en cours de jeu, de changer les significations pour d'autres significations. Les nouvelles significations ouvrent la possibilité de nouvelles *métaphorisations* afin que l'intensité dramatique augmente. Le *sumatraïsme* est une recherche des liens inattendus qui, à travers l'action, apportent la révélation sous la forme d'une métaphore.

Bien entendu, le metteur en scène ne se dit pas à lui-même : maintenant je vais *métaphoriser* cette scène ! Il finirait ainsi dans la symbolisation. Il suffit qu'il établisse des liens relationnels entre tous les éléments du contenu de la scène en se posant la question suivante : que fait une chose par rapport à une autre ? De fait, rien n'existe sur scène sans qu'une signification nouvelle et inattendue se mette à jouer.

Vouloir *sumatraïser* une scène oblige aussi à se poser cette question : dans quelle relation se trouve une chose avec une autre ?

Conclusion

Nous croyons avoir abordé tous les éléments essentiels du langage de la mise en scène. Nous avons mis l'accent sur leurs significations, leurs fonctions, leurs propriétés génératives par lesquelles ils se conditionnent mutuellement, ainsi que sur le mode de leur application. L'expérience montre que le metteur en scène qui, au cours de son travail, ne recourt pas à un moment, à un certain nombre d'éléments, évolue à l'aveuglette, perd un temps précieux et gaspille l'énergie de ces collaborateurs.

Il nous semble que la définition de la mise en scène que nous avons proposée au début de notre travail apparaît à présent de façon tout à fait claire. Il serait donc inutile de lui ajouter ou enlever quoi que ce soit : le metteur en scène *interprète l'aspect dramatique de la pièce (de l'action dramatique), en appliquant les actions scéniques paradoxales à l'action proposée de la scène (en incarnant l'événement scénique)*. La construction d'un *aspect de l'action dramatique* n'est pas possible sans une perception claire de *l'action proposée de la scène*, tandis que *l'événement scénique* ne se produira pas si on ne recourt pas aux *actions scéniques paradoxales*.

Nous avons souligné que la méthode que nous venons d'exposer est valable pour toutes les poétiques de la mise en scène (toujours dramatique !). Si toutefois quelqu'un a eu l'impression que l'insistance sur l'interprétation de l'aspect dramatique de l'action dramatique - au lieu de l'insistance sur l'interprétation du thème de l'action dramatique - tient le metteur en scène à l'écart de l'engagement social, nous pouvons lui répondre ceci : l'événement scénique dramatique est le plus grand engagement qu'un metteur en scène puisse donner. L'événement dramatique est sujet aux interprétations multiples tandis que l'événement scénique, où le metteur en scène démontre son point de vue personnel en apportant son jugement sur le sujet de la pièce, est une réduction de la riche complexité de significations de l'action dramatique.

Après avoir insisté sur une différentiation claire entre l'action proposée de la scène et l'action scénique paradoxale, il nous semble que nous nous sommes munis, pour une application fonctionnelle, de tous les autres éléments de la mise en scène. Nous pouvons les nommer dorénavant *l'action proposée* et *l'action paradoxale*. Remarquons que la recherche de l'action paradoxale, dans le travail pour un spectacle, est le ciel de l'imagination du metteur en scène. L'action paradoxale imaginative, en dehors du fait qu'elle garantit le caractère dramatique en nous maintenant strictement dans le domaine dramatique, garantit le caractère concret de la communication avec les collaborateurs. Grâce à elle, une scène retrouve sa forme concrète que ne pouvons évaluer aussitôt.

Bien que le travail du metteur en scène sur une représentation puisse commencer à partir de n'importe quel élément, l'apprentissage du langage de la mise en scène oblige à ce que l'on apprenne tous les éléments progressivement. Il n'est pas suffisant qu'ils apparaissent clairement au metteur en scène, la vraie compréhension ne commençant que lorsqu'on passe de la compréhension à l'application, puis à l'utilisation, et enfin à l'objectivation. Les exercices d'apprentissage du langage de la mise en scène sont donc irremplaçables.

REMARQUES ET COMMENTAIRES

Définition de la mise en scène dans les documents institutionnels.

« Définition : Le metteur en scène est un artiste qui assure la traduction en un langage scénique de l'œuvre écrite d'un auteur dramatique ou lyrique. Au niveau de la conception, il a lui-même qualité d'auteur. Il prépare, dirige et coordonne les différents professionnels (artistes, techniciens…).

Cursus : Il n'existe aucune formation initiale à la mise en scène. Celle-ci est abordée en 2ème et 3ème année du Conservatoire National Supérieur d'Art Dramatique du Théâtre National de Strasbourg »[65].

« Le metteur en scène assure la réalisation et la représentation sur scène d'une œuvre dramatique. Sa lecture, parfois très personnelle de l'œuvre, en fait un créateur au même titre que l'auteur. Son rôle consiste tout d'abord à réunir divers éléments : un texte, un décor ou un dispositif scénique, des costumes, des éclairages, éventuellement une musique, et un ou plusieurs comédiens. Sa tache est ensuite d'assurer la cohésion de l'ensemble avec l'aide d'un ou plusieurs assistants techniques et de diriger les comédiens.

Accessoirement, en fonction des moyens de la compagnie, il peut être amené à assurer le financement et la promotion du spectacle. C'est presque toujours le cas pour un metteur en scène débutant.

Une culture générale étendue, une connaissance des œuvres, de leurs auteurs et des représentations qui en sont données, beaucoup de psychologie et de patience, et un sens artistique développé, sont des qualités indispensables pour aborder la mise en scène.

Le metteur en scène est de tous les artistes du spectacle le plus solitaire et celui qui est en premier lieu responsable de la réussite ou de l'échec d'un spectacle »[66].

---

[65] Source : Centre National du théâtre, LES METIERS DU THEATRE, novembre 1996.
[66] Source : CIDJ, ARTISTES ET TECHNICIENS DU SPECTACLE , 2.26,

Enquête sur la mise en scène vue par ses pratiquants

Cette enquête a été menée en recourant à un échantillon arbitraire (les collègues et les amis metteurs en scène) et garantissant l'anonymat. Huit metteurs en scène ont répondu à deux questions : 1) Qu'est-ce que la mise en scène ? et 2) Que fait le metteur en scène ? Leurs réponses étaient limitées à une seule phrase.

Qu'est-ce que la mise en scène ?

L'art de porter sur scène une pièce dramatique.
La réalisation des textes dramatiques, tout comme des textes non dramatiques, sur scène.
L'interprétation du texte dramatique à travers le jeu des acteurs.
La conjonction de plusieurs domaines artistiques dans une seule représentation (jeu d'acteur, scénographie, costumes, musique, éclairage...)
L'art de l'expression dramatique.
La poésie du jeu.
La transformation de la littérature en jeu scénique.
L'expression de n'importe quelle idée à l'aide du jeu (des acteurs, de la scénographie, de l'éclairage, de la musique...) dans un espace.

Que fait le metteur en scène ?

Il interprète la pièce d'un écrivain dramatique.
Il incarne les idées littéraires sur scène.
Il s'exprime lui-même à travers un auteur et des acteurs.
Il unit des arts différents autour d'une même idée scénique.
Il transforme les idées de l'écrivain en actions dramatiques.
Il crée une poésie audiovisuelle.

---

septembre 1997.

Il approfondit/recherche l'idée du texte à travers l'action sur scène.

Il transforme la littérature en art scénique.

Ces réponses vont des lieux-communs aux métaphores, en passant par de simples descriptions jusqu'à l'énumération éclectique.

**Quelques théories modèles,
écrites par les metteurs en scène**

Les premiers «alliés naturels » de l'enseignant/étudiant de la mise en scène devraient être les textes *programmes* écrits par les metteurs en scène eux-mêmes. Nous prenons quelques «exemples » de personnes au sujet desquelles on a le plus écrit et parlé au cours de ces dernières décennies compte tenu de leur forte influence partout dans le monde. Avant toute chose, nous soulignons que notre but n'est pas d'apporter notre propre jugement de valeur ni de critiquer les travaux des auteurs cités. Il n'est que de montrer l'importance, pour l'apprentissage de la mise en scène aujourd'hui, de poser les fondements d'un langage universel afin que chaque metteur en scène puisse, individuellement, s'exprimer de manière différente. Un langage universel de la mise en scène sous-entend que seraient mis en évidence ses éléments/notions indispensables et que l'on établisse leurs liens génératifs.

1. Jerzy Grotowski est resté fidèle toute sa vie aux *Principes* [67] qu'il s'était imposés au début de sa carrière. On retrouve dans ses principes certaines des raisons pour lesquelles il s'est orienté professionnellement vers un « théâtre pauvre » : « Le rythme de la vie dans la civilisation moderne est caractérisé par la hâte, la tension, un sentiment de culpabilité, le désir de dissimuler nos motifs personnels et d'assumer toute une gamme de rôles et de masques dans la vie (en fonction de la famille, du travail, des amis ou de la vie en communauté, etc.)... Le théâtre fournit - par la technique de l'acteur, son art où l'organisme vivant tend vers des

---

[67] J. GROTOWSKI, *Vers un théâtre pauvre*, chapitre *Exposé de principes*, Lausanne, L'Age d'Homme S.A., 1968, p. 213-222.

motivations supérieures - l'occasion de ce que l'on pourrait appeler l'intégration, l'arrachage des masques, la révélation de l'être réel... »[68].

Comme nous pouvons le constater, les motifs qui ont amené à la création du théâtre de Grotowski ne sont pas tous théâtraux. Ce sont des motifs socio-psychologiques que l'on retrouve, d'après le sentiment de cet auteur, dans la société. « Le théâtre n'a de sens que s'il nous permet de transcender notre vision stéréotypée, nos sentiments conventionnels et nos coutumes, nos modes de jugement »[69]. Le théâtre se trouve donc en position de « correction » de l'homme afin qu'il devienne moins aliéné et plus créatif. Jusqu'ici Grotowski est clair. Mais lorsqu'il choisit comme but *l'acte total de dénudation* devant le public «après avoir renoncé à toutes nos fuites et à nos faux-semblants»[70], le théâtre se transforme en une sorte de thérapie mystique. Le théâtre dans lequel un être se dénude nous dévoile et nous purifie « *tandis que nous nous transcendons* »[71]. C'est l'acteur qui se dénude et non le public. Ces règles ne sont pas valables pour le public. Nous devrions tous, cela se déduit des propos de Grotowski, pratiquer le jeu d'acteur afin de devenir plus créatifs. Dans l'essence même de la conception de Grotowski se cache l'idée d'une confession – de l'acteur et du confesseur – du public. Car si nous cherchons une explication (parmi toutes les idées qui nous proviennent de ce metteur en scène) à la question comment s'exprime un acteur, nous trouverons des notions comme « radiation », « émanation » et autres synonymes. La représentation même, il l'appelle «célébration ». Il s'agit incontestablement d'une fonction théologique de l'acte théâtral, de « théologisation » du théâtre. Bien que plus tard il parle d'«anthropologie du théâtre »*, il est

---

[68] ibidem, § 1.
[69] ibidem, § 2.
[70] ibidem, § 2.
[71] ibidem, § 3.
* Grotowski après avoir achevé sa carrière de metteur en scène, a donné des cours partout dans le monde, dans lesquels ce qualificatif était dominant.

clair qu'ici nous avons à faire au *guide* et ces *disciples,* à Dieu et ses fidèles*.

Nulle part dans le travail de Grotowski on ne trouvera de réponse à la question : qu'est-ce que la mise en scène ? Étant donné que les raisons qui l'ont mené à la création de son théâtre se trouvent en dehors du théâtre et qu'il a placé son but dans la fonction théologique et thérapeutique, Grotowski s'éloigne du théâtre. Il est possible de l'imiter mais il est impossible de le suivre au sens théâtral/pédagogique de ce mot. Nous ne pouvons apprendre de lui rien qui serait commun à toutes les représentations dramatiques**.

2. Lorsqu'il est question de la transmission du savoir de la mise en scène, Peter Brook est affirmatif en déclarant que si quelqu'un essayait d'utiliser son livre comme un manuel, il serait préférable qu'il abandonne immédiatement : il n'y a pas de formule, donc pas de méthode. En pragmatiste invétéré, il

---

* Le vocabulaire de Grotowski était rempli de notions religieuses, tout comme le mode de travail au cours des répétitions était quasiment ritualisé. P. BROOK, dans *L'Espace vide,* ajoute à ce principe en avançant que le rôle du metteur en scène est étrange : il ne cherche pas à être Dieu, et pourtant cela fait partie de son rôle.

** Permettons nous quelques remarques : Grotowski lui-même s'est retrouvé dans une voie sans issue et a cessé de s'occuper de la mise en scène (voir D. SZABO, **Grotowski, nacela bez krajnosti**, Odjek, Sarajevo 1985.) ; ses représentations sont de qualités inégales ; seul un acteur - R. Ceslak – parvenait (*Le Prince Constant*) à une expérience forte – très souvent incompréhensible et mystique – tandis que les autres acteurs sont restés dans son ombre ; après avoir cessé de travailler sur les représentations, à la suite de Grotowski, parmi ses prétendus héritiers il n'avait nulle part de représentation théâtrale importante, mais de simples épigones parmi lesquels on peut situer un des plus farouches héritiers de Grotowski, E. Barba ; au cours des dernières décennies, tous ceux qui se tenaient pour acteurs de Grotowski n'ont produit nulle part un résultat théâtral authentique, ni une représentation dramatique importante. À partir de nos contacts personnels avec quelques-uns, nous avons compris qu'ils s'occupaient tous de l'homme, dans un sens non théâtral, que leur théâtre était un phénomène para-théâtral, et leur servait de thérapie personnelle.

s'adaptait souvent à « l'air du temps »*. À l'époque où Grotowski prônait « le théâtre pauvre », Brook expose son idée de « théâtre vide » : « Je peux prendre n'importe quel espace ait vide et l'appeler une scène. Quelqu'un traverse cet espace vide pendant que quelqu'un d'autre l'observe, et c'est suffisant pour que l'acte théâtral soit amorcé »[72]. Une idée simple, attirante, et à moitié dite. En découle que tout ce qui est porté sur scène peut être une représentation théâtrale. Pourtant, pour l'apparition de l'événement entre un homme qui marche et quelqu'un qui l'observe, il est indispensable qu'il y ait l'événement lui-même. Dans le « théâtre vide », Brook touche à la *méthode* de Stanislavski avec l'Actors studio[73] ; en posant la question de l'école et des exercices[74] ; il parle de la mise en scène et du metteur en scène[75] ; du langage de l'action qui crée l'illusion[76] ; de la méthode de l'improvisation[77]... Mais il relativise tous ces thèmes : tout peut se produire mais non nécessairement. Il n'existe pas de garantie pour le succès de la représentation, ce sur quoi tous sont d'accord. Il nous faut néanmoins des garanties pour savoir si quelque chose est ou n'est pas une représentation dramatique.

Lorsqu'il s'est tourné vers la recherche de l'essence «du théâtre vide » dans le cadre du « Centre pour la Recherche sur le Théâtre », Brook part avec sa troupe en Afrique à la recherche de la *communication théâtrale universelle.* À l'aide de l'improvisation, il expérimente la participation du public dans «l'acte théâtral » au sujet duquel ce dernier n'a aucun préjugé ni connaissance préalable[78]. Le théâtre est ici soumis à la recherche

---

* Il a été parfois, à cause de toutes les relativisations, critiqué durement, même de la part de ses collaborateurs les plus proches ; voir Ch. MAROWITZ., **Confessions of a Counterfeit Critic**, London, London Theater notebook, 1973, pp. 116-123, et K. TYNAN, *On Peter Brook*, Theater quarterly, volume VII, N° 25, 1977.
[72] P. BROOK, *L'Espace vide, Écrits sur le théâtre*, traduit de l'anglais par Christine Estienne et Franck Fayolle, Paris, Editions du Seuil, 1972, p. 25.
[73] ibidem, p. 45.
[74] ibidem, p. 75.
[75] ibidem, pp. 75 et 146.
[76] ibidem, p. 108.
[77] ibidem, p. 150.
[78] Sur cette expérience, voir dans **Brook's Africa**, l'interview avec M. GIBSON,

anthropologique de la communication. C'est la raison pour laquelle il n'y a pas de conclusions nouvelles importantes sur la mise en scène*. Comme Grotowski avait « théologisé » le théâtre, Brook, par cette recherche, l'a « anthropologisé » et éloigné ainsi le théâtre du théâtre lui-même. C'est pour cette raison que l'expérience de Brook, si riche soit-elle, lui reste personnelle tandis que les chemins par lesquels on parvient à une représentation réussie demeurent, de toute évidence, toujours intuitifs.

3. Ceci est également pressenti par Richard Schechner, le seul metteur en scène d'avant-garde important qui se soit muni du courage nécessaire pour poser un regard critique sur tout ce qui s'est produit au théâtre au cours de ces importantes années 70-80. Déjà, le titre même de son texte est univoque : « La déconfiture et la faillite de l'avant-garde (américaine) »[79]. Il constate que : « après Grotowski, presque tous ont essayé de travailler avec le texte scénique**. Des représentations célèbres ont appliqué ce principe : *Frankenstein*, *Dionise 69*, *Snake*, *Makhbet* de Marowic, *Tempête* de Brook. La liste est sans fin. Quelle qu'ait été leur réussite, ces représentations n'ont pas été inscrites dans un répertoire permanent, et n'ont pas non plus réussi à former une méthode pure. Nombreux sont ceux qui, ne serait-ce que pendant une période courte, ont travaillé avec Grotowski, et encore plus nombreux ceux qui ont travaillé avec les gens qui ont travaillé avec Grotowski, et ainsi de suite jusqu'à ce que des méthodes définies d'apprentissage soient devenues largement répandues. C'est parce que ces méthodes mettaient en avant en avant la poursuite des

---

The Drama Review, 1973, Vol. 17, N° 3 ; D. BABLET, *Rencontre avec Peter Brook*, *Travail théâtral*, Hiver 1973, N° 10.
* Une expérience semblable a été également vécue par la troupe de E. Barba, en 1974, en Italie du sud : E., BARBA, *Les deux tribus*, dans *L'étranger qui danse*, Hostelbro, Maison de la culture de Rennes, 1977. Comparer les scènes avec les bottes en Afrique et celle du « troc » en Italie.
[79] R. SCHECHNER, *The End of Humanisme*, NY, Performing Arts Journal Publications, 1982.
** Schechner fait la différence entre les textes dramatiques et scéniques. Ces derniers correspondent en réalité à tous les matériaux textuels qui servent à la production d'une représentation.

impulsions et le partage du centre créatif (très souvent, il n'était pas établi clairement qui devait être le metteur en scène), que la ligne sûre de la transmission du savoir ne s'est pas développée, ni la méthode de la transmission du texte scénique. À la différence de 'La Formation de l'Acteur' et de la 'méthode' de Stanislavski aucun Lee Strasberg n'est apparu à partir duquel *les autres pourraient se tester* »[80]. En mentionnant les différentes techniques, Schechner ajoute que « aucune ne s'est développé en tant que tradition... Ma génération n'a pas réussi à développer ses propres modes d'apprentissage/transmission du texte scénique pour le futur. C'est uniquement pour cette raison que le travail au cours des années précédentes pourrait s'avérer stérile »[81].

Ce cri pour la transmission du savoir et le manque de méthode nous mettent en droit de conclure : le théâtre s'occupait par moment de politique, de théologie, d'anthropologie, de mysticisme... ne s'occupant pas de la recherche de son essence dramatique à l'aide de *l'action scénique*. Cela ne veut pas dire qu'il n'y avait pas comme résultat occasionnel et hasardeux de représentations importantes (de la même façon que l'on découvre par hasard et de manière inattendue, à la recherche d'un médicament contre une certaine maladie, le médicament contre une autre). L'expérience de ces années-là confirme qu'il n'existe pas de phénomène qui ne puisse pas se soumettre à l'élaboration dramatique ; mais aussi que le but de la mise en scène est de se mettre au service, et de rien d'autre, de l'action dramatique. Sans la recherche de l'action dramatique à l'aide, bien sûr, des actions scéniques, appliquées à n'importe quel thème, il est impossible de découvrir ni les méthodes, ni les techniques appartenant à la mise en scène. Il existe une différence immense entre : *au service du théâtre* et *le théâtre au service de ; le thème est au service de l'action dramatique ; l'action dramatique n'est pas au service du thème* (littéraire, théologique, philosophique, politique, anthropologique ou tout autre...) *mais de la **mise en scène**[*].

---

[80] R. SCHECHNER, ibide, pp. 97-98.
[81] ibidem, p. 110.
[*] C'est pour cette raison que « la dernière avant-garde mondiale » s'est trouvée dans une voie sans issue : Grotowski a abandonné la mise en scène, les troupes les

Si l'enseignant et/ou l'étudiant ne trouve pas de réponse au contenu de la profession de metteur en scène dans les idées à caractère pédagogique de ses collègues, il n'aura pas plus de succès avec les textes du même genre écrits pour d'autres motifs[*].

Nous avons abordé trois exemples marquants ayant presque valeur de modèle. Celui de Grotowski qui a fini dans le para-théâtre, de Brook qui relativisait tout et refusait tout ce qui pouvait mener à la systématisation pédagogique du langage universel de la mise en scène, et celui de Schechner qui aspire à une méthode, conscient que sans le langage d'une profession il n'existe aucune transmission, et par-là même, aucune mémoire historique.

Sumatraïsme - l'origine de l'utilisation de la notion.

En introduisant dans la mise en scène une notion nouvelle, inconnue et par-dessus tout étrange, nous pensons qu'il est indispensable de rendre compte de son origine. C'est ainsi que les raisons qui nous ont amené à recourir à cette dernière nous apparaîtront plus clairement.

Un homme de lettres, Milos Crnjanski[**], a traversé la première guerre mondiale en se traînant sur les différents champs de bataille, avec les armées de l'Europe entière, pendant plusieurs années. Après de longues années, il retournait dans sa bourgade natale. Nous citons ici ses notes de l'année 1920.

---

plus importantes ont fini par se dissoudre tandis que Brook a quasiment abandonné ses recherches en laboratoire. Et ce n'est pas par hasard que Schechner remet Stanislavski en circulation, c'est à dire qu'il renvoie à la « première avant-garde mondiale ».

[*] La liste des auteurs que nous avons consultés en cherchant la réponse à la question de ce qu'est l'essence de la profession de metteur en scène serait trop longue, et le nombre de textes atteindrait plusieurs centaines de titres. Étant donné que le résultat était jusqu'à présent toujours le même, il ne nous semble pas utile de mentionner ici d'autres auteurs et d'autres sources. Nous croyons que l'échantillon dont nous nous sommes servi est suffisamment représentatif par rapport à l'idée que nous souhaitions exposer.

[**] Un auteur serbe, né dans l'empire austro-hongrois.

« Je sentis un jour toute l'impuissance de la vie humaine et la confusion de notre sort. Je vis que personne n'allait où il voulait et je remarquai des liens jusqu'ici non observés. À coté de moi étaient passés ce jour-là des sénégalais, des annamites ; je rencontrai un vieil ami qui revenait de guerre. Lorsque je lui demandai d'où il venait il me répondit : de Bukhare !

Sa mère était morte et ses voisins l'avaient enterrée. Quelqu'un lui avait volé ses meubles, dans la maison. Je n'ai même pas de draps, dit-il !

Et lorsque je lui demandai comment il avait voyagé, il me répondit : « En passant par le Japon et l'Angleterre où on m'a capturé et où on a failli me fusiller ».

« Et que penses-tu faire maintenant ? » - je l'interrogeais. « Je ne sais pas moi-même. Je suis seul. Tu sais que je m'étais fiancé. Elle était partie quelque part. Peut-être ne recevait-elle pas mes lettres. Qui sait quel sort l'attend ? Je ne sais pas moi-même ce que je vais faire, peut-être trouverai-je une place dans une banque ».

Tout cela s'était produit dans une gare à Zagreb. Puis, je m'étais assis dans un train et avais poursuivi mon voyage. Il y avait beaucoup de monde dans le train, surtout des soldats, des femmes en guenilles et beaucoup de gens perdus. Dans le train, il n'y avait pas d'éclairage et on ne distinguait que des ombres. Des petits enfants étaient couchés à même le sol dans le wagon, à de nos pieds. Épuisé, je ne pouvais pas fermer l'œil. Pendant qu'on parlait autour de moi, j'ai remarqué également que ces voix étaient, d'une certaine façon, lourdes et que la parole humaine ne résonnait pas ainsi auparavant. Fixant mon regard sur les fenêtres sombres, je me rappelais que mon ami m'avait décrit les montagnes enneigées de l'Oural où il avait passé une année de captivité. Il décrivait longuement et doucement ces confins de l'Oural.

Je sentis ainsi toute cette blancheur, ce silence infini là-bas au loin. Lentement, je souris. Où cet homme n'a-t-il pas erré ! Je me souviens qu'il m'avait également parlé d'une femme. De ses descriptions je n'ai retenu que son visage pâle. Il avait répété plusieurs fois comment il l'avait vue si pâle pour la dernière fois.

Dans ma mémoire commencèrent à se confondre nerveusement les visages pâles des femmes dont je m'étais séparé ou que j'avais vu dans des trains ou sur des bateaux. Cela m'étouffait et je sortis dans le couloir. Le train était arrivé à Srem et était passé au pied de la colline de Fruska. Des branches frappaient la fenêtre qui était cassée.

À travers elle pénétrait dans le train l'odeur humide, mouillée, froide des arbres et j'entendis également le murmure d'un ruisseau. Nous nous étions arrêtés devant un tunnel effondré.

Je voulais apercevoir ce ruisseau qui murmurait dans le noir et il m'avait semblé qu'il s'empourprait et qu'il était joyeux. Mes yeux étaient fatigués par le manque de sommeil et j'étais saisi d'une lourde faiblesse causée par le long voyage. Je pensai : tiens, il n'y a aucun lien dans le monde. Voilà que mon ami avait aimé cette femme et elle était restée quelque part loin, dans une maison balayée par le vent, toute seule à Tobolsk. On ne peut rien retenir. Et moi, où ne suis-je pas allé.

Et voilà qu'ici ce ruisseau coule joyeusement. Il est pourpre et murmure. J'appuyai donc ma tête contre la fenêtre cassée. Quelques soldats sautaient pendant ce temps du toit d'un wagon à l'autre. Et tous ces visages pâles, et toute ma tristesse disparurent dans le murmure de ce ruisseau dans la nuit.

Le train ne pouvait pas poursuivre son chemin. Il fallait traverser à pied le tunnel de Cortanovac.

Il faisait froid. J'avançais parmi une foule de voyageurs inconnus. L'herbe était mouillée et nous glissions légèrement, certains tombaient même. Lorsque nous avions atteint le sommet, devant nous au petit jour est apparu le Danube, gris, embrumé. Tout ce brouillard derrière lequel s'étalait le ciel était immense et sans fin ! Des collines comme des îlots au-dessus de la terre disparaissaient encore dans l'aube. J'avais pris du retard par rapport aux autres.

Alors que mes pensées accompagnaient encore mon ami dans ce voyage à lui qu'il m'avait raconté, insoucieux, avec un humour amer. Des mers bleues et des îles lointaines que je ne connais pas, des fruits mûrs et des coraux pourpres que j'avais retenus, je pense dans des livres de géographie, ont envahi aussi mes pensées.

Finalement, une paix, une paix de la levée du jour, pénétrait lentement en moi. Tout ce que mon ami racontait mais aussi lui-même, courbé, dans le gris militaire en haillons s'étaient gravés pour toujours dans mon esprit. Tout à coup je me souvenais, moi aussi, des villes et des hommes que j'avais vus au retour de la guerre. Pour la première fois j'aperçus un changement immense dans le monde.

À l'autre bout du tunnel nous attendait un autre train. Bien que le jour se levait au loin, dans le train régnait encore l'obscurité. Épuisé, je m'étais de nouveau assis dans l'angle sombre du wagon, seul avec moi-même. Plusieurs fois je m'étais dit à moi-même : S u m a t r a ,   S u m a t r a !

Tout est confus. Nous n'étions plus les mêmes. Je m'étais souvenu de la manière différente dont on vivait auparavant. Et je penchai la tête.

Le train partit et haleta. Me berçait le constat que tout est à présent si étrange, et la vie, et ces distances immenses en elle. Jusqu'où nos douleurs ne sont-elles pas allées, que n'avons nous pas chéri, à l'étranger, fatigués ! Non seulement moi et lui mais tant d'autres, des milliers, des millions !

L'idée m'est venue : comment mon village natal me souhaitera-t-il la bienvenue ? Les cerises sont à présent de toute évidence mûres et les villages sont joyeux. Tiens, regarde comme les couleurs, même là jusqu'aux étoiles, sont les mêmes, et pour les cerises, et pour les coraux ! Comment tout est lié dans le monde. « Sumatra » - j'ai dit de nouveau, en plaisantant, à moi-même.

Tout à coup je sursautai, une paix intérieure, qui n'est pas parvenu jusqu'à la conscience, m'avait réveillé. Je sortis dans le couloir, où il faisait froid. Nous étions de nouveau arrêtés quelque part en rase campagne. Dans un wagon enchanté. Quelque part pleurait un enfant. Mais tous ces sons parvenaient à moi comme s'ils venaient de très, très loin. Un frisson matinal me traversa.

Je voyais encore la lune, lumineuse, et je souris malgré moi. Elle est partout pareille car elle est morte.

Je sentis toute son impuissance, toute sa tristesse. « Sumatra », chuchotai-je avec une certaine affectation.

Mais, dans mon âme, profondément, malgré tout le refus de le reconnaître, je sentais un amour immense envers ces collines lointaines, ces montagnes enneigées, voire même tout en haut, jusqu'aux mers glaciales. Pour ces îles lointaines où il arrive ce que peut-être nous avons provoqué. J'ai perdu la peur de la mort. Les liens avec mon entourage. Comme dans une folle hallucination je me soulevais dans ces brumes infinies, matinales, pour tendre la main et caresser l'Oural lointain, les mers indiennes vers où est parti également le pourpre de mon visage. Pour caresser les îles, les amours, les occasions passionnées, pâles. Toute cette confusion devint une paix immense et une consolation infinie ».

Il nous semblait que derrière le témoignage sombre, lyrique, de cet homme revenant de guerre nous pouvons comprendre : tout est, dans le monde, dans des liens inconnus. Il nous appartient de les révéler. Le symbole de ce principe dans la conscience de Crnjanski est apparu sous le nom de Sumatra, et c'est de là que nous l'avons adopté sous la forme de : *sumatraïsme*, c'est à dire de principe *sumatraïste*.

Nous croyons avoir ainsi écarté la surprise provoquée par le nom de ce principe.

Les modèles de la pensée narrative et dramatique.

Aristote déjà avait remarqué, chez Homère, la pertinence de la répétition des mots, des syntagmes, des vers... Au début de notre siècle, A. Van Gennep s'est aperçu que, dans la versification d'Homère, il existe une grande probabilité qu'un mot soit suivi d'un autre mot bien précis, et qu'une grande partie de cette attente réalisée se réfère à une certaine formule[82]. Pourtant, il a fallu attendre Antoine Meillet pour que ce problème soit scientifiquement prouvé : « *L'épopée homérique est entièrement conçue de formules que se transmettaient les poètes. Que l'on prenne un quelconque morceau, on reconnaît bien vite qu'il se*

---

[82] A. GENNEP, *La question d'Homère*, Paris, Mercure de France, 1909, p. 13-14.

compose de vers ou de fragments de vers qui se retrouvent textuellement dans un ou plusieurs passages. Et même les vers dont on ne retrouve pas les morceaux dans un autre passage ont aussi le caractère de formules, et ce n'est sans doute que par hasard qu'ils ne sont pas conservés ailleurs »[83]. Ainsi la formule, conçue dans le « *phénomène homérique* », devient de ce fait, incontournable.

Très vite, à côté de Meillet, se trouve un Américain d'humeur « subversive », Millman Parry. Il a trouvé dans la théorie des formules la clé pour résoudre le problème de la poésie épique orale, de tous les temps et les espaces. Il a soutenu à Paris deux thèses sur le sujet[84]. Initialement, il définit la formule comme « ... *une expression qui est régulièrement employée, dans les mêmes conditions métriques, pour exprimer une certaine idée essentielle...* » et il corrige, dans l'édition américaine, cette définition en remplaçant « une expression » par « a group of words ». Meillet introduira Parry auprès de Matija Murko[85], grâce auquel ce fondateur incontestable de la théorie de la poésie épique orale - « *oral epic theory* » - se rendra bientôt en Bosnie-Herzégovine, et Sanjak.

Dans les petites bourgades de cette région, il trouvera les derniers des bardes qui interprétaient des chants héroïques oraux. À deux reprises, il va réussir à les enregistrer et à noter une importante partie du matériel, ce qui le persuadera que la nature du vers épique, de part la manière dont il était traduit par ses chanteurs, s'inscrit dans la même tradition que celle à laquelle appartenait Homère. C'est à cause de la mort prématurée de Parry que son collaborateur Albert B. Lord, à qui nous rendons hommage pour sa série de témoignages brillamment réalisés[86], a poursuivi des recherches.

---

[83] A. MEILLET, *Les origines indo-européennes des mètres grecs*, Paris, 1923, p. 61, Étude citée dans M. Parry, *L' Épithète traditionnelle*, p. 8.
[84] M. PARRY, *L' Épithète traditionnelle dans Homère : Essai sur un problème de style homérique* et *Les formules et la métrique d'Homère,* Paris, Les belles Lettres, 1928.
[85] M. MURKO, historien littéraire et ethnologue (1861-1951), il a le mérite d'avoir découvert que les chanteurs des chants épiques ne les apprennent pas par cœur ; ils les créent chaque fois à nouveau.
[86] A. B. LORD, *The singers of tales,* Howard University Press, 1960.

***

« *Si Homère s'était tenu aux idées d'Aristote sur l'unité, il ne serait pas Homère et il n'aurait pas non plus composé l'Iliade et l'Odyssée* »[87].

Cette constatation sévère ne fait que souligner le fait qu'Homère se prenait pour un poète- chanteur, alors qu'Aristote voyait en lui un écrivain. À l'époque d'Homère, l'art de savoir écrire est rare et revient à peine au goût du jour[88]. Son chant est le fruit de la tradition orale qui s'est développée et maintenue « grâce à » l'absence de l'écriture.

On chantait le chant héroïque élevé au cours des veillées dans les villages ou à la cour[89]. Sans écriture, la diffusion des chants se faisait lentement. Le chanteur apprenait d'un autre chanteur. Le processus d'apprentissage était très lent, le répertoire restreint. Ceci entre en contradiction avec l'importante diffusion et la richesse de cette tradition. Le bon sens fait penser qu'il s'agissait d'une solution cachée, entièrement intégrée. Était-ce une *technique* qui aurait permis à chaque chanteur de reconstituer n'importe quel chant, l'ayant amorcé à partir d'une idée générale.

Les auteurs cités trouvent cette technique dans les formules. À l'aide de celles-ci, on peut chanter n'importe quel récit... Si l'on entend par formule la représentation symbolique des lois suivant lesquelles le même ordre de valeurs et de significations changeables sont toujours immuables, alors la poésie orale n'est en réalité que l'apprentissage des formules et non des chants. Martin P. Nilsson constate la même chose de manière beaucoup plus « sophistiquée » : « *Nous pouvons dire que l'on n'apprend pas les poèmes, mais l'art poétique* »[90].

Ainsi, une restriction - limite de l'apprentissage par cœur et de la distribution du répertoire par l'intermédiaire d'un chanteur - est surmontée par l'invention d'une « technologie » convenable ;

---

[87] ibidem, chapitre VII, Homère.
[88] Voir la citation dans le même chapitre de Sterling Dow, *Minoan writing*, AJA, 58/77 - 129, 1954.
[89] Les opinions perspicaces de Arnold Hauser (*The Social History of Art*, Londres, 1951, partie III, *Greece and Rome)*. Celles-ci restent toujours en vigueur par la manière dont elles estiment et présentent le travail des chanteurs.
[90] M. P. NILSSON, *Homer and Mycenae*, Londres, 1933, p. 202.

donc d'un média. Le nombre minimal de règles est le nombre illimité des chants. Les grammairiens de Port-Royal[91] ont signalé la même chose en indiquant l'exemple de la capacité d'écrire, à partir de deux douzaines de lettres, tout un vocabulaire qui contient également des mots que nous n'avons jamais entendus auparavant, comme d'autres qui ne seront créés que dans le futur. On peut appliquer la même chose aux dix chiffres.

M. N. Nagler[92] avait déjà fait remarquer le lien entre la formule et la grammaire générative ou transformationnelle de N. Chomsky. Ce dernier était impressionné devant la capacité humaine à exprimer de manière aussi créative l'univers infini de ses pensées à partir d'un nombre aussi restreint de règles grammaticales. Ou, comme il le dit lui-même d'« ...*utiliser à l'infini des moyens restreints du langage pour inventer*»[93].

Au-delà de la structure superficielle de la phrase, nous apercevons un niveau profond de la structure syntaxique. Une composante invisible, générative de la langue, transformatrice donc, puisqu'elle génère un nombre illimité de configurations syntaxiques[94]. Il n'y a aucun doute que le principe fondamental du langage est aussi valable pour un récit et, conformément à ceci, pour tous les arts qui s'en servent.

Prenons à titre d'exemple le plus simple des systèmes de transformation en employant uniquement le répertoire des mots de la phrase analysée, et essayons de comprendre l'idée du récit d'Œdipe[95] : Le prince en l'ignorant tue son père et épouse sa mère.

Par le déplacement des verbes on obtient : le prince **épouse** son père et **tue** sa mère ; le prince **tue** son père et **tue** sa mère ; le prince **épouse** son père et **épouse** sa mère ; le prince ne **tue** pas son

---

[91] *Grammaire générale et raisonnée*, 1660.
[92] M.N. NAGLER, ***Towards a Generative View of the Oral Formula***, Transactions and Proceedings, 98, 1967, p. 269-311.
[93] R. BUGARSKI, ***Lingvistika o coveku***, Belgrade, Ed. BIGZ, 1975, p. 101.
[94] Nous pensons aux études suivantes : *Syntactic Structures*, The Hague, 1957. Et plus tard *Language and Mind*, New-York, 1968.
[95] Voir la présentation démonstrative du modèle chez N. CHOMSKY, ***Aspects de la théorie Syntaxique - Catégories et relations dans la théorie de la syntaxe*** ; ou 2. ***Aspects de la structure profonde - Structures profondes et transformations grammaticales***.

père et **épouse** sa mère ; le prince ne **tue** pas son père et ne **tue** pas sa mère ; prince **tue** son père et ne **épouse** pas sa mère ...

Par le déplacement des substantifs on obtient : le **père** tue le **prince** et épouse la **mère** ; le **père** tue la **mère** et épouse le **prince** ; la **mère** tue le **père** et épouse le **prince** ; la **mère** tue le **prince** et épouse le **père** ...

Et si nous ajoutons à tout cela le changement du participe présent dans sa forme affirmative et négative nous obtenons : le prince, le père, la mère **n'ignorant pas**... ; la mère, le prince, le père **ignorant**... des combinaisons à n'en plus finir.

Il suffit donc de connaître le thème cyclique, par exemple celui de la reconnaissance de l'Odyssée (qui survient à la fin du chant homérique). C'est alors que surgissent de la mémoire le chien qui avait instinctivement conservé son souvenir, la nourrice qui le reconnaît à sa cicatrice, les mendiants qui le reconnaissent à sa manière de tendre son arc, sa femme qui le reconnaît à trois signes : la manière de tendre son arc, le bain, le lit nuptial... Les enrichissements d'*actions* de cette unique *constante* font aussi appel au décor à travers lequel une *idée* concentre l'*événement*. Peu importe l'ordre dans lequel tout sera « embelli », le chanteur, suivant le sens, aboutira toujours au même résultat. Et si l'un de nous se mettait à inventer, en appliquant les règles de la métrique bien définie, des épithètes pour le chien, pour les mendiants arrogants, pour la bonne nourrice et la fidèle bien-aimée... il aurait pu, personnellement, chanter sa version de l'*Odyssée*.

Sans trop s'attarder sur cette question, nous pouvons conclure que chaque changement d'au moins un mot modifie le sens de toute la phrase et qu'il est possible de la moduler dans les limites qu'impose son sens, ce qui fait qu'une phrase grammaticalement correcte devient absurde. Dans ce cas extrême du passage du sensé à l'absurde, de l'imaginable à l'incompréhensible, il est nécessaire d'introduire une nouvelle règle qui servirait pour un ensemble de cas.

De nouveau, on constate le phénomène qui veut que, y compris dans le fonctionnement des transformations de fond, la texture des significations doit rester fixe afin que l'on puisse effectuer des modifications sur le second, tout en conservant l'intégrité de la phrase. Ce qui, au bout du compte, garantit la permanence d'une certaine signification, qui est, en ce qui nous concerne, l'idée de récit. Le sens de l'homme pour le rapport de ce qui est sensé ou insensé exige, lorsque l'on applique les mêmes règles grammaticales, une résistance « rude » de la part de l'idée même du récit pour que ce dernier puisse rester sensé et intégral, pour qu'il se perpétue tel qu'il est et non différemment.

En adoptant les formules comprises comme une conséquence du processus que nous venons d'illustrer, la tradition épique orale se réserve la possibilité de changer, à l'intérieur du même thème, dans des chants différents, les héros, leurs attributs, l'ordre des constantes... Ceci se résume par deux conséquences : a) l'abolition du temps historique ; l'absence des unités aristotéliciennes ; l'existence des thèmes se « promenant » d'un chant à l'autre, à travers les civilisations et les époques, qui passent du domaine « historique » au domaine « poétique », b) l'abolition de la durée fixe de la représentation ; le temps du chant d'un récit dépend de la manière dont le chanteur s'accorde avec son auditoire.

***

Comme nous l'avons déjà mentionné auparavant, le chanteur ne connaît aucun des chants par cœur. Il compose le chant au moment même de son interprétation. Le chant ne se produit pas *pour* l'interprétation, mais *à l'occasion de* celle-ci[96]. Le chanteur dépend doublement : de son public et des formules.

Du public dépend directement la durée du chant. « Que ce dernier soit interprété dans une maison, un café, une cour, ou dans les salons des aristocrates, le caractère changeable et inconstant du public, comme marque importante des circonstances dans lesquelles le chant se réalise, influe sur la forme de ce dernier... L'inconstance du public exige de la part du chanteur un degré important de concentration afin qu'il puisse chanter ; cela met à l'extrême épreuve sa capacité dramatique et son art narratif lui permettant de maintenir l'attention du public le plus longtemps possible. Mais, le public agité influe le plus sur la durée du chant...

---

[96] A. B. LORD, *The Singers of Tales*, Howard University Press, 1960, Part II, *Singers : Performance and Teaching*.

Si le chanteur a de la chance, il pourra chanter aussi longtemps qu'il ne sera pas fatigué sans que le public veuille l'interrompre. Et dès qu'il se sentira à nouveau reposé, il pourra continuer si le public se montre intéressé. Ceci peut durer jusqu'à la fin du chant et si les auditeurs lui sont favorables et motivent par leur intérêt sa bonne humeur, il peut prolonger le récit en ajoutant de l'épice à chaque description... Tout en laissant de côté la question du talent du chanteur, on peut dire que la durée du chant dépend du public »[97].

Ce regard venu du terrain a aboli l'idée reçue qui voit dans l'épopée le chant long *per definitionem*. L'*Iliade* et l'*Odyssée* comptent parmi les plus longues épopées écrites. Et si Homère avait pris part avec elles au festival il paraît peu probable qu'il les aurait chantées avec la même ampleur que telles qu'elles nous sont parvenues[98]. L'épique n'est donc pas synonyme de longueur. Nos prédécesseurs étaient séduits par le caractère cyclique des récits, mais ici déjà il y avait de quoi faire avec le conditionnement formulaire des poètes par rapport au thème à caractère cyclique.

L'histoire en quelques lignes et le nombre suffisant des formules, pour faciliter la composition, est tout ce dont le poète-chanteur pourrait avoir besoin. « *Toute sa manière de penser/se déplacer de l'avant* »[99]. Le thème cyclique est suffisamment englobant pour qu'on y aligne épisode après épisode, et événement après événement.

Les formules sont en même temps génératrices et protectrices de la tradition orale. Elles permettent de s'adapter à la longueur mais elles la sauvent aussi des caprices du public. Il est dans la nature des formules de pouvoir faire un chant sur tout ce qui existe dans l'univers et aussi longtemps que celui-ci existe. Cela signifie qu'il est possible de chanter également sur ce qui nous est inconnu et inexistant tel que nous l'avons constaté à l'exemple de la grammaire générative[100].

---

[97] ibidem
[98] ibidem, Part seven, *Homer*
[99] ibidem, Part six, *Writing and oral tradition*
[100] *Le chant sur Milman Parry*, composé par l'illettré Milan Vojcic n'est pas qu'une anecdote sur la manière dont on emploie les formules orales. Ce dernier a

Lorsqu'il composait l'*Odyssée*, Homère avait à l'esprit de nombreux chants de retour (le retour d'Agamemnon, de Ménélas...). Les formules ont un rapport direct avec le *thème cyclique*. Le chanteur parle beaucoup de retour, raison pour laquelle un grand nombre de vers se répètent. Le chanteur décrit un héros, et par conséquent un nombre considérable de vers doit coïncider avec les attributs de tous les héros...

Nous voyons que l'épopée se compose d'au moins un thème cyclique, fait d'une série d'événements, des *Mythos*. Étant cyclique, elle se réfère à un modèle. L'attribut du modèle est que les participants et les événements peuvent y être échangés. Pourtant, pour sauvegarder les formules, chaque modèle épique, thème cyclique, tend à regrouper le plus d'attributs possibles pour chaque événement et chaque personnage. Les thèmes de l'assemblée, du sauvetage du héros, des batailles, des fiançailles... maintiennent dans les formules épiques la *pensée typique*. Tout ce qui peut être identique par sa signification ou sa fonction est conservé tel quel. Elles sont une sorte d'économie par unification. L'idée de récit laisse ainsi, à chaque action, la possibilité d'être pétrifiée, entourée d'une épithète « stable » ou par exemple d'un substantif, et de ne pas changer de signification quelle que soit la situation dans laquelle elle sera employée.

L'épopée est proche de la mythologie par l'inconsistance entre événements/mythes « *un thème majeur peut donc revêtir plusieurs formes possibles dans le répertoire d'un chanteur... Le poète peut choisir une forme courte de ses thèmes (ou les rejeter entièrement) comme il peut aussi les développer*»[101].

Quel paradoxe : pour que l'on puisse chanter une multitude infinie de récits, il fallait inventer les formules ; cependant, celles-ci tendent à se généraliser ; et c'est justement l'universalité à l'intérieur du thème cyclique qui rend flexible la longueur du récit ;

---

chanté, tout en ayant conservé entièrement l'esprit des chants héroïques, la venue d'Amérique du professeur Parry « en bateau de fer » à Dubrovnik où celui-ci s'installa à l'hôtel « Impérial », bu un peu de vin et trouva son guide pour chercher des chanteurs populaires... (ibidem)
[101] ibidem, Part four, *Thema*.

cette flexibilité fait de chaque interprétation « ...plus qu'une simple interprétation ; une nouvelle création... »[102].

Dans l'épopée, chaque représentation n'est donc qu'une des versions. Une version de la même idée de récit. Le chanteur a pour but de faire passer un message à son auditoire, avec le plus de relief possible, *l'idée de récit*.

Pour conclure, nous voulons souligner, que quelle que soit la version épique du chant, elle n'est en aucun cas une interprétation des événements que le chanteur décrit.

***

Dans les pages précédentes, nous avons fait remarquer à quel point l'idée de récit formulée avec concision - *Le prince ignorant tue le père et épouse sa mère* - s'oppose avec force au moindre changement. Aucun de ces deux verbes ni de ces trois substantifs, échangés entre eux (sans parler des changements avec d'autres mots !) ne se réfèrent plus au même récit. Quant au reste, la plupart des changements sont absurdes et insensés. La première formulation du récit est la seule qui transmet l'histoire du malheureux Œdipe.

Sophocle avait à sa disposition une version épique du *Poème d'Œdipe* (environ 6600 vers), notée par écrit. Il savait qu'il pouvait en faire un chant plus long ou plus court. Cela signifie que les autres auteurs tragiques ne s'intéressaient pas à enjoliver les constantes. Le chanteur populaire, lorsqu'il commençait à chanter, observait sans cesse l'attention de son public et, en accord avec ce dernier, ajoutait un vers sur l'autre ; il vérifiait tout le temps l'impression que son chant laissait sur l'auditoire. Ainsi, si le héros se préparait pour le combat, le chanteur décrivait le rituel tout entier, à commencer par le moment du réveil, le paysage matinal, les mots consolateurs ou médisants qu'il prononçait à sa femme, les habits dont il se vêtait, les armes qu'il emportait. Le chanteur allait même jusqu'à décrire le moment et la manière de monter à cheval... La longueur de la description était, d'un vers à l'autre, incessamment contrôlée par l'intérêt même du récit[103]. Si Sophocle,

---

[102] ibidem, Part Five, *Songs and that song*.
[103] Voir, par exemple, les différences dans l'*Iliade* entre la préparation la plus

auteur tragique, ne s'intéressait pas à la qualité des formules épiques, c'est selon nous, qu'il gardait à l'esprit son propre média, le mode qui permet de placer dans la pensée dramatique la même idée de récit. Il lui apparaissait clairement que le genre dénommé épopée était narratif, une série « et...et », dont la tendance était de respecter la chronologie intérieure des événements. Et alors ceci, et alors cela... Il est important d'aligner les constantes pour que l'histoire soit entière et reconnaissable en tant que cette histoire précise et non une autre. Le reste n'appartient qu'au public, au goût et à l'époque.

***

Dans les langues slaves de l'espace balkanique il existe trois appellations originales pour le théâtre. Le mot « Teatar » de résonance internationale, provient d'un mot de l'ancien grec, *theatron*, qui se réfère à l'endroit d'où l'on observe c'est à dire la tribune.

1) *Gledalisce*, le mot slovène a conservé cette signification grecque originale.

2) *Kazaliste*, mot croate qui indique l'endroit d'où l'on communique les nouvelles[104].

3) *Pozoriste*, mot serbe, dénotait au début du Moyen Age l'endroit d'où on jetait dans une fosse les condamnés à mort. Dans la racine de ce mot se trouve le substantif **pozor**, dont la signification est celle de mots comme « pozorje, prikaz, prizor » qui veulent dire respectivement image active, scène, représentation.

---

courte de Ménélas chantée dans un vers, dans le troisième chant (vers 339), celle d'Alexandre un peu plus longue (vers 330-338), celle de Patrocle plus longue encore (Sixième chant, 133-134) où on ajoute aux vers consacré à Alexandre encore six vers et, la préparation la plus longue, celle d'Achille (le 19ème chant, 369-391) où l'on répète les vers des deux chants précédents tout en en ajoutant d'autres. On est surpris devant l'erreur de Lord qui estime qu'Homère exprime l'importance des personnages par le biais de leur présence quantitative se reflétant par la longueur des vers. Il a ainsi classifié *l'Iliade* comme une œuvre de l'écrivain et non du chanteur?!

[104] En Croatie il existe un mot nouvellement composé « glumiste », mais qui ne se réfère pas à la scène, à l'endroit où l'on joue (qui est pourtant sa référence sémantique), mais plutôt au théâtre en général.

C'est ce que provoque **pozor** qui indique et constitue un certain acte.

Dans ces trois appellations, le point de vue sur la fonction du théâtre diffère. L'accent est mis sur le : 1) public ; 2) ce que l'on dit ; et 3) ce que l'on interprète. Et par déduction sur 1) le spectateur ; 2) l'histoire ; et 3) l'action.

1) *Gledaliste, theatron* : « *Le koilon (terme qui signifie en grec creux, de forme creuse) ou theatron (le lieu d'où on regarde) est l'endroit réservé au public* »[105]. Il a pris une connotation populaire et est perçu comme un endroit de rassemblement populaire. C'est en effet un lieu de rencontre qui vient de l'idée de conseil, d'assemblée, de veillée... le conseil des vieux et des sages[106]. L'existence d'un tel espace nous éclaire sur un point de l'époque d'Homère : il est probable que des concours de chant commençaient à y avoir lieu.

2) *Kazaliste* met l'accent sur celui qui communique des nouvelles. Derrière ce mot se cache donc l'idée de la parole *urbi et orbi*, « divine » donc, qui exprime implicitement l'idée de pouvoir. Dans ce mot, le respect pour le public n'existe pas - « *des sages vieux* » - il exprime exactement l'inverse. Le public se voit contraint de respecter celui qui communique.

3) *Pozoriste* conserve un lien plus étroit avec la théorie qui conçoit l'origine du théâtre dans le thymélé ou l'autel de Dionysos servant aux sacrifices. La phrase qui exprimerait le mieux ce courant de pensée est la suivante : « *Le théâtre grec est né de la religion, plus exactement du dithyrambe, chant consacré à Dionysos, qui est toujours resté intimement lié au culte* »[107].

Nous ne plaidons bien évidemment pas pour cette dernière conviction. Néanmoins, il s'avère utile de souligner que ce n'est que lorsque l'on prend ces trois mots simultanément : action, histoire et public que le théâtre acquiert sa véritable signification.

---

[105] J.-M. LEDOUX et R. CASTINEL, *Le théâtre grecque* Archéologie, N°171/octobre 1982.

[106] Encore aujourd'hui, il est possible de trouver dans les montagnes balkaniques, près des anciennes bourgades, les derniers vestiges des endroits destinés à cet effet.

[107] ibidem, p. 54.

L'idée de l'autel, le thymélé, ne reflète qu'à première vue l'origine du théâtre. Cette idée, comme beaucoup d'autres, s'inscrit dans l'inventaire de son époque.

Il n'est pas trop extravagant de supposer que les Grecs eux-mêmes désiraient souligner le fait que l'art dramatique n'était pas identique au culte, à l'acte religieux ou au rituel, ayant délibérément omis de déduire du nom de ce nouvel art des racines comme *thymélé, orchestra, chorus...*

***

Malheureusement, leur sentiment pour la distinction entre ce nouveau média et la religion n'a pas été respecté par beaucoup d'historiens qui, se basant sur les données de l'espace rituel - à partir desquelles est née la scène mais non la tragédie -, il proclamèrent cet espace comme origine de l'art dramatique. Il en serait de même si l'on avait proclamé l'église mère de la musique, ou de la peinture, par le simple fait qu'on y chante et qu'on y peint la gloire du Seigneur. Palestrina et Michel-Ange peuvent trouver leur inspiration dans la mythologie chrétienne, en Dieu, jouer et peindre dans le temple du Tout-Puissant et sur le Tout-Puissant, mais la musique et la peinture ne doivent pas leur naissance à l'ambiance ; elles ne lui doivent remerciement que pour l'inspiration, pour le contenu.

Lorsque nous avons rejeté le dithyrambe comme racine du théâtre, nous avons bien entendu pensé de même au rituel consacré à Dionysos. Mais la rigueur terminologique nous faisait alors défaut. Nous disposons actuellement d'éléments isolés, *l'action, la constante, l'événement, l'idée de récit.* Grâce à eux, l'épopée nous est apparue comme une suite narrative de l'événement, autour de constantes à partir desquelles le chanteur, conditionné par les formules et le public, *décrit les événements.* L'Événement tend à être interprété dans un ordre chronologique, ce qui donne au chanteur la possibilité de grouper ou de séparer les constantes les unes des autres, sans courir le risque de perdre l'idée du récit. L'ampleur du chant n'a pas de signification. Et le rituel ... ? Lorsqu'on parle des rituels totémiques des peuples de la Polynésie (lorsque les hommes matures se tatouent d'un animal-totem) ou des processions de la Vierge dans les rues (lorsque les participants montrent, par leur adoration de la statue, leur appartenance spirituelle à la Foi, à l'Église), il existe toujours au fond de leur être un thème mythique, qui constitue un événement. Les constantes s'expriment en quelques actes symboliques mis dans un certain ordre et interprétés de manière *cérémonielle*. En réalité, il existe dans ces constantes quelque chose qui se rapproche du « scénario », mais pas du scénario dramatique.

Dans un rituel, on distingue au premier coup d'œil les participants et les observateurs, ou bien les acteurs et le public. Pourtant, un aperçu de l'action montre que cette répartition n'est que formelle. Le Maître de cérémonie, le sorcier ou le prêtre qui soulève le cœur d'un animal, lève une coupe de sang vers la constellation céleste où l'on prend le divin repos, ou vers une Idole, ce succédané de la puissance, n'est qu'un élu qui agit au nom de tous ceux qui sont présents ; aussi bien les participants que les observateurs. Tout est prévu d'avance, que ce soit leur rôle ou leur signification, en quelques actions gestuelles : mots, chants, danses, aussi bien dans leur rôle que dans leur signification. Dans un rituel, il n'y a pas d'auteur. Tout le monde est au service d'une même foi; pour les présents, l'histoire-prétexte incarne la vérité absolue qui devait jadis exister. Dans un rituel, tout est reproduit de la même manière, flexible dans le temps, rigoureuse dans l'ordre, inéchangeable dans sa signification, c'est-à-dire : impropre à l'interprétation.

La cérémonie, narration rituelle, est la simulation éternelle d'une histoire et non l'histoire en elle-même. Privé de la liberté de répartir les constantes, de faire la différence entre acteur et public, le « spectacle » qui s'offre à nos yeux ne propose qu'une estimation du savoir-faire de ceux qui l'interprètent. L'appartenance au groupe rituel est déterminante (parfois jusqu'à entrer en transe) et la foi dans cette appartenance définit le but de la cérémonie.

Quelle que soit l'importance du chant, de la danse, du dialogue, des masques, des costumes extravagants… le spectacle se réduit à des « *images vivantes* », à l'*illustration de l'histoire*. Il y a donc peu de points commun entre la *description épique*, l'*illustration rituelle* et la *dramatisation théâtrale* de l'histoire.

Bien que l'art dramatique soit né dans l'espace de l'*orchestre* et *du timélé*, et se soit servi des accessoires magiques et religieux de l'inventaire sacrificiel, il ne faut pas relier sa naissance à celle du rituel[108]. « *La démocratie tyrannique* » *ne permettait pas que l'on soit* « *bon Athénien sans croire à la puissance d'Athéna, patronne de la cité, et à celle de son père Zeus* »[109]. Mais elle permettait en revanche, en même temps de nombreux cultes « non étatisés », y compris comme une conséquence logique à la démocratie, l'athéisme. Le spectateur au théâtre ne se rendait pas sur place pour prier ou faire preuve de sa foi. Le théâtre, vu les convictions diverses des spectateurs, n'était pas à même de les satisfaire. Ce sont d'autres raisons qui ont motivé sa naissance.

Une relation, au sens strict du terme, existe exclusivement *entre* au moins deux signes, deux symboles, deux fonctions... entre deux porteurs de significations (signifiants). Tous les liens sont relationnels (par leur type, classe, genre, espèce...), pourtant toutes les relations ne sont pas faites de liens relationnels. *La mère tue le prince et épouse le père*, par exemple, incarne les relations familiales logiques, mère - père - fils , mais, par rapport à notre idée de récit, cette phrase est illogique. Les relations, bien qu'entières du point de vue des règles de l'expression grammaticale, sont très souvent peu conformes à la signification. C'est la relation, en soi, qui renvoie à elle-même. Par le changement du sujet et de l'objet, c'est précisément la relation qui détermine la perpétuation du sens de ce lien.

Cette notion découverte par les structuralistes, exige au sens dramatique d'être complété. Lorsque C.Lévi-Strauss dit la « *relation* », ou le « *paquet de relations* », il sous-entend les liens découverts dans la structure d'un mythe, donc un *état*. Il prend lui-même comme échantillon de son analyse du mythe d'Œdipe des phrases simples du type Sujet - Verbe - Objet (Cadmos cherche sa sœur Europe, Cadmos tue le dragon, les Spartiates s'exterminent

---

[108] On trouvera un aperçu exhaustif et populaire sur les fêtes religieuses et les rituels chez R. FLACELIERE, **La vie quotidienne en Grèce au siècle de Périclès**, Chap. VIII, Genève, Ed. Famot, 1977.
[109] ibidem, p. 218.

mutuellement, Etéocle tue son frère Polynice...)[110]. Il les choisit à cause de leurs actions explicites. Se référant à soi-même, la relation dans l'art dramatique est toujours *active*. Le fait que Laïos et Jocaste soient mari et femme et qu'Œdipe soit leur fils serait tout à fait insignifiant si, à partir de ce lien de parenté, il n'y avait pas entre eux des rapports « inhabituels ». Concluons pour des besoins dramatiques : l'activité d'une relation se fonde toujours sur des données structurelles ; de là, on n'explique pas l'*état* mais plutôt l'*action*.

L'action est complexe par les relations et simple par la signification. Pour réciter, par exemple, on se sert de la voix, on apprend des vers, on se tient à la métrique... La coordination - la mise en relation - des voix, vers, métrique... produit l'action qui est la récitation. Le meurtre sous-entend le lieu (le chemin), le meurtrier (Œdipe), l'objet avec lequel il tue (l'épée), la victime (Laïos), la cause du meurtre (le conflit sur la priorité de passage). Chacun de ces éléments imposés au meurtre comprend en même temps une série d'autres aspects à partir desquels nous pouvons en déduire les questions suivantes : Où se trouve le chemin ? ; Comment est-il ? ; Comment est Œdipe ? ; D'où vient-il ? ; De quelle manière sort-il son épée ? ; Quel est l'aspect extérieur et le caractère de Laïos ? Et : De quelle manière la dispute commence-t-elle ?...

L'action est l'activité d'une seule signification. Elle est multi-relationnelle de par son contenu complexe qui lui permet d'entrer dans des rapports polyvalents. Selon cette constatation, il en résulte qu'il n'y a pas de conflit d'interprétation au sujet de l'action ; l'interprétation ne commence qu'à partir des relations que celle-ci engage...

Nous sommes convaincu que dans le noyau de chaque constante demeure l'action. Elle n'est pas imminente comme dans beaucoup d'autres, mais beaucoup plus décisive. La prophétie (l'oracle) amène l'**expulsion** de l'enfant. L'enfant, ainsi éloigné, **est pris** en tutelle par de nouveaux parents. La découverte de la

---

[110] C. LEVI-STRAUSS, *Anthropologie structurale*, Chap. XI, *La structure des Mythes* (I).
Paris, Ed . PLON, 1958.

prophétie **croise** son chemin avec celui du roi qui va consulter le Sphinx. Le **meurtre**, grâce à l'intention de la victime, l'amène jusqu'au Sphinx. La **résolution** de l'énigme, lui **donne** en récompense la main de la reine alors veuve endeuillée.

Les constantes sont, du point de vue causal, actives entre elles. Elles s'entraînent mutuellement au niveau de l'action. Ceci coïncide avec notre définition de l'action comprise comme activité d'une signification, d'autant plus que les actions déterminantes n'ont de valeur que pour les constantes. Toutes les autres sont comprises parmi les actions inéluctables. Entraîné par la décision d'échapper à la découverte de Delphes, Œdipe rencontre par hasard le vieil homme suivi de son escorte, et finit par tuer son père. La manière dont se déroule la rencontre, le conflit, le meurtre... ne fait pas partie uniquement du domaine du genre artistique et du talent du poète. Il est inutile de souligner qu'il était indispensable qu'il y ait une rencontre, une dispute et un meurtre.

C'est ici que réside la réponse à la question : pour quelle raison les différents domaines du savoir (psychanalytique, sociologique, anthropologique, historique, littéraire...) voient dans la même histoire leurs différentes disciplines? L'action n'est pas interprétable tandis que sa relation l'est.

***

Que fait Sophocle ? Sa tragédie débute par la fin même de l'histoire. Les citoyens de Thèbes supplient Œdipe, le tyran, de chasser la calamité qui s'est emparée de la ville. Créon ramène des oracles de Delphes la nouvelle suivante : la cause de la peste est l'assassinat resté impuni du prédécesseur d'Œdipe. Ce dernier promet une récompense à celui qui trouvera le coupable, tout en menaçant de punir cruellement toute personne qui protégerait ou cacherait le meurtrier, et convoque Tirésias comme premier témoin.

Le début de la tragédie ne coïncide pas avec le début chronologique de l'histoire. Par rapport au *Mythos*, celle-ci commence par la fin en débutant par la dernière constante. L'histoire en tant qu'événement n'évoluera pas devant nous ; ce qui se déroule n'est que sa constatation. On n'assiste donc pas au développement progressif qui passe de l'action à l'action, d'une constante à une autre faisant partie du destin d'Œdipe, mais plutôt à la manière dont ce dernier apprend sa destinée. Nous remarquons : la narration du récit ne reflète plus le déroulement de celui-ci, comme c'est le cas dans une épopée ; il s'agit ici d'un autre *récit s'inscrivant à l'intérieur de l'idée de récit - Mythos -* d'Œdipe.

Par conséquent, *si* l'on entame un récit à partir de n'importe quelle constante, *alors* les règles de sa composition intégrale s'organiseront en fonction des conditions causales entre les constantes de manière à ce qu'elles satisfassent à chaque fois l'idée du *Mythos*. Quelle que soit la constante par laquelle commence un récit, il est important de conserver l'intégralité de son idée qui nous aide déjà par son caractère interne de perpétuité. « *Si-alors* », voici un principe différent de celui que nous avons trouvé dans l'art de la poésie épique. Il n'est plus question du modèle « *et ... et...* » mais plutôt de celui « *si... alors...* ».

Le principe de Lévi-Strauss qui consiste à restituer le mythe dans son intégralité à partir du détail reste toujours vrai. Seulement, cette fois-ci, il existe en tant que restitution des constantes qui ne sont pas celles d'une action quelconque.

Par exemple, si l'on commence le récit par le meurtre de Laïos, l'ordre des constantes sera tout à fait différent. L'idée de *Mythos* sera conservée mais on racontera un autre récit. Si on le commence par l'enfance d'Œdipe passée à la cour des parents adoptifs, ou à partir de la découverte de la prophétie à Delphes, lorsqu'il abandonne ses parents adoptifs, il est clair que la disposition des constantes sera différente. Pour quelle raison ?

L'œuvre dramatique perturbe la narration épique qui tend naturellement vers l'ordre chronologique. Le principe « *si - alors* » permet à l'auteur dramatique de se déplacer librement à l'intérieur du récit dans tous les sens, en avant, en arrière ou même sur les côtés. C'est donc un certain art combinatoire. Voici le nouveau genre : peu importe de quelle manière les actions déterminantes se succèdent les unes aux autres ; ce qui nous intéresse, c'est la manière dont les participants de l'œuvre dramatique l'apprennent et l'acceptent eux-mêmes. Nous apprenons/vivons en suivant les investigations d'Œdipe sur son propre destin. Le chanteur n'intervient même plus en tant qu'intermédiaire. Il n'existe plus.

F. Ferguson écrit : « *L'action d'une œuvre dramatique dure moins d'un jour et réside dans la recherche du meurtrier de Laïos faite par Œdipe - celle du conseil de la prophétie d'Apollon, l'interrogatoire du prophète Tirésias et d'une série de témoins, y compris celui du vieux berger, celui qui avait donné Œdipe au Roi et à la Reine de Corynthe. L'œuvre dramatique prend fin au moment où l'on découvre irréfutablement qu'Œdipe est coupable.*

À ce niveau littéral, l'œuvre dramatique apparaît comme une affaire criminelle. Œdipe endosse le rôle d'un procureur local et lorsque, à la fin du récit, il prononce le verdict contre lui-même, s'opère le revirement, le coup de théâtre chargé d'une émotivité non mesurable »[111].

À l'intérieur du récit *sur le destin d'Œdipe*, nous *assistons au drame* autour de la « détection ». Autant dire que, dans le chant épique, on assiste à *l'histoire sur*, au rapport du chanteur confronté au destin... Le chanteur est notre intermédiaire, c'est par lui que nous apprenons le récit. En revanche, dans l'œuvre dramatique l'intermédiaire n'existe pas : Œdipe recherche, en notre présence, les circonstances du meurtre sans même songer qu'il est en train de mener une enquête sur son propre destin. Il agit seul, en direct, devant nous, et découvre en même temps que nous son sort tragique. L'idée du récit n'appartient qu'à l'invention poétique de sa propre *approche tragique*, car tout se passe « sans qu'il sache qu'il recherche sa propre destinée » convaincu de rechercher celle d'un autre. L'approche tragique est rendue par le fait de pouvoir communiquer en *direct* avec Œdipe. Soulignons ici que le destin d'Œdipe, par rapport au *Mythos*, n'est que malheureux ; ce n'est qu'au moment de l'apparition de la peste qu'il devient tragique.

Les constantes s'entraînent mutuellement, c'est la condition préalable à l'histoire. Lorsqu'elles sont exposées dans l'ordre chronologique, alors il s'agit du récit oral ; lorsqu'on les intègre dans le chant d'une métrique précise tout en les soumettant à la légitimité des formules, alors on fait agir le poème épique oral.

---

[111] F. FERGUSSON, *The Idea of a Teacher*, Part on *Œdipeus : Myth and play*, Princeton University Press, 1968.

Lorsque toutes les constantes se soumettent au régime d'un seul événement, ce qui perturbe leur exposition dans l'ordre chronologique, alors il n'est plus question du « conteur de récits » ni du « chanteur de récits » mais d'un « acteur (interprète) de récits ». Les actions *dont on parle* « et... et... » est *l'action qui parle* « si... alors... ».

TABLE DES MATIÈRES

Préface par Robert Abirached 5

Introduction 9

Franchir les obstacles 15

L'approche des hypothèses en vigueur 19
Première hypothèse : la mise en scène est présente
dans toutes les représentations théâtrales 20
Deuxième hypothèse : la mise en scène est
présente au théâtre dramatique depuis sa création 24
Définition du langage de la mise en scène 28

**Deux préjugés profondément ancrés
du théâtre contemporain** 31

   1. Le théâtre d'écrivain, d'acteur ou de metteur
      en scène.. 31
   2. Le jeu de représenter et le jeu de vivre 34

Cinq exigences de la mise en scène............ 39

    1. À chaque spectacle ses nouvelles règles 39
    2. L'imitation est un « péché » 40
    3. Le théâtre est toujours théâtral 41
    4. Les moyens scéniques sont toujours paradoxaux 41
    5. L'action donne un sens nouveau au sens existant 42

L'ÉVÉNEMENT 43

Narration et pensée dramatique 45
L'action dramatique et l'aspect dramatique 49
Le simulacre de l'action dramatique 51
L'événement scénique 54
Premières impressions et premiers jugements
de valeur 57
Thème de l'événement scénique 59
Idée principale 61
Style et genre de l'événement scénique 64
Dramaturgie de la pièce 68
Le contrat avec le spectateur 72

LE CONFLIT 75

La scène 77
Le personnage 82
L'impulsion du personnage 84
La fonction et l'objectif du personnage 87
Le caractère 91

L'ACTION SCÉNIQUE 97

Analyse comparée de la nature du théâtre,
du film et de la télévision 99
Actions auto-expressives, suggestives et
étrangification 109
Vers une définition de l'action scénique 112

L'action physique et l'action scénique 114
L'action scénique et l'action proposée de la scène 118
L'action scénique et le sous-texte 122
L'action scénique et la scénographie 125
L'action scénique et le costume 131
L'action scénique et le masque 136
L'action scénique et la lumière 139
La musique et les effets sonores en tant qu'action scénique 144

LE TRAVAIL AVEC L'ACTEUR 149

Les indications du metteur en scène à destination de l'acteur 151
Les verbes 155
L'accent logique 162
Point de diction 164
Les obstacles créatifs 166
L'improvisation 170
L'intégralité du texte dramatique 174
Le jeu dramatique au théâtre et au cinéma 177
La répétition 183
Vérification des résultats de chaque représentation 188
Le *sumatraïsme* en tant que technique de la *métaphorisation* 190
Conclusion 193

REMARQUES ET COMMENTAIRES 195

Définition de la mise en scène dans les documents Institutionnels 197
Enquête anonyme sur la mise en scène vue par ses praticiens 198
Quelques théories modèles, écrites par les metteurs en scène 199
Sumatraïsme, l'origine de l'utilisation de la notion 205
Les modèles de la pensée narrative et dramatique 209

641798 - Février 2016
Achevé d'imprimer par